JN246282

If I Understood You, Would I Have This Look on My Face?

全米最高視聴率男の

「最強の伝え方」

My Adventures in the Art and Science of Relating and Communicating

アラン・アルダ
Alan Alda

高橋 洋 訳

青土社

全米最高視聴率男の「最強の伝え方」　目次

第2部　相手を読む能力を高める

私の妻で親友でもあるアーリーンに本書を捧げる

全米最高視聴率男の「最強の伝え方」

コミュニケーションの最大の問題は、それが確かに生じていると思い込む幻想にある。

——ジョージ・バーナード・ショーの言葉とされることが多いが、
ほんとうに彼が言ったのかは定かでない。

はじめに

ひとの話をよく理解できないことがたびたびあるのにはっきりと気づいたとき、私は正しい目標に向かって歩んでいた。

誰かが私に伝えようとしていることには複雑なものもある。しかしその事実は、私が他人の話を理解できないことの妥当な理由になるとは思えない。彼らに理解できているのなら、なぜ私には理解できないのか？　会計士はよく、税法について私には理解できない用語で語る。保険外交員は、実際に意義があるとはとても思えない保険証券について説明しようとする。皆が皆を誤解しているということを悟ったからといって、その認識は何の慰めにもならなかった。つねにではなかったとしても、あるいは完全にとは言わないまでも、誰もがひどくものごとを混乱させているようだ。

互いに理解し合えるようコミュニケーションが図れないために、多くの人々が死んでいる。

そのように言うと大げさに聞こえるかもしれないが、私は大げさだとは思わない。

患者が医師とうまく関わり合えず、医師の指示に従わなければ、あるいはダムが崩壊する可能性があることをエンジニアが市民に説得できなければ、はたまた麻薬に手を出してはならないという忠告に子どもが耳を傾けようとするだけの信頼を両親が築けていなければ、悲惨な結果が待っている。

本書は、これらの問題にいかに対処すればよいかを検討する。また、人々が互いにしっかりと関わり合い、すぐれたコミュニケーションを図るためのカギであると私が考えている条件について、私がこれまでに学んできたことを紹介する。意外にもこのカギは、役者として私が得た経験やトレーニングのなかに見出すことができる。そしてそれは、とりわけ説明や理解が困難なものごとをめぐって、よりよいコミュニケーションを実践するにはどうすればよいかを教える際に大いに役立ってきた。

すべては歯から始まった

歯科医の持つメスの切っ先が、私の顔面のすぐそばまで迫ってくる。

そのときになって初めて、彼はこれから私の歯に何をしようとしているのかを告知した。「これからテザリング〔通常はひもなどでつなぎ止めることを意味する〕をしますね」と言ったのだ。

私は凍りつき、心のなかで「え？　テザリング？　それはいったいどういう意味なのだろうか？　それが、私の口とどう関係するのか？」と思っていた。いらいらし始めた彼を余計に苛立たせたくはなかった。とはいえ彼は、私の口に今にも外科用メスを突っ込もうとしていたので、私はテザリングとは何かを訊いてみた。すると彼は一瞬驚いたような表情を浮かべ、「そんな単純な言葉の意味も知らないのか？」とでも言いたげな顔をしていた。それから私の顔に向かって「テザリングだよ、テザリング」と吠え立てた。

当時の私は、すでに五〇歳を超えていた。五〇過ぎともなれば、彼にメスを置いて二、三の質問に答えるよう注文をつけてもよい年頃のはずだ。しかし彼は、僧衣のような歯科医のガウンをまとって、ますます苛立ちを募らせていた。その様子を見た私は、少し妥協のし過ぎかとは思ったが、「わかった（オーケー）、わかった（オーケー）」と口ごもった。それから彼は、私の口のなかに外科用メスを突っ込み、口内を切った。

そのときは思ってもみなかったのだが、この一件はわが人生の分水嶺になった。

その後の私の人生には、良くも悪くも、この数秒間のお粗末なコミュニケーションの結果が反映される次第になったのだ。

まず悪いことからあげよう。それから数週間後に、私は映画の撮影のために演技をしていた。私が微笑むところを撮影するために、カメラが迫ってくる。リラックスし、満足感に満ちた微笑みだ。ところが撮影が終わったあとで撮影監督がやって来て、当惑した表情を浮かべながら「なぜ冷笑〔人を小ばかにしたような笑いを〕しているのかね？　微笑むはずだったのに」と訊いてきた。

それに対し私は、「微笑んでいたつもりですが」と答える。

「いいや。冷笑していた」と、彼は言い張る。

そこで私は、鏡に向かって微笑んでみた。なるほど私の顔は冷笑していた。

私の上唇は歯のうえにだらりと垂れ下がり、いくら努力しても微笑むことはできなかった。問題は上唇小帯（じょうしんしょうたい）にあった。いつのまにかなくなっていたのだ。

「上唇小帯って何？」と訝（いぶか）っている読者のために説明しておくと、それは前歯の真上、歯茎と上唇の内側のあいだにある。前歯の真上、歯茎の最上部に舌をあててみれば、吠え立てる歯科医が悪さをしていなければ、そこに薄い結合組織があることがわかるはずだ。それが上唇小帯と呼ばれる組織であり、彼はそれを切断したのである。

この方法は彼の発明で、それによって歯茎の組織の一片を用いて、引き抜いた前歯のソケットを覆うことができた。その目的は、治癒するまでソケットに新鮮な血液を供給することにあった。彼はこの発明を誇りに感じていたらしく、事実、歯茎へ血液を供給する手段としては完璧に思えた。だが顔が商売道具になる映画の撮影には、都合が悪かった。上唇小帯を失った私の上唇は、古びたホテルの窓にかかった波打つカーテンのように、だらりと垂れ下がっていた。

映画の撮影が終わったあと、私は歯科医に電話して、顔で商売をしている自分には、微笑むことのできる顔がときに入用になることを、聖人のような忍耐力を駆使して説明した。

彼の返答は、「手術には二つのステップがあると言ったはずですよ。二番目のステップはまだやっていません」というぶっきらぼうなものだった。私は、その二番目のステップとやらを彼にやらせるのに少しばかりためらいを感じた。今度は、舌の下側にある小帯を切ったりはしないだろうか？　私にはもうあまり小帯が残っていないにもかかわらず、どうやら彼は、それに不自然なほど執着しているように思われたのだ。

数週間後、私は彼から形式的で冷淡な手紙を受け取った。その手紙にはいかなる謝意も表明されていなかったので、少し気分を害した。自己弁護に終始し、私に訴訟を起こさせないようにするのが手紙の主旨であることは明らかだった。私は手紙を見るまで、訴訟など考えてもいなかった（し、実際に起こさなかった）。しかし訴訟を避けたいのなら、彼の対応は逆効果にしかならない体のものだった。

とはいえ、この経験は悪いことずくめではなかった。それによって私は、上唇小帯を欠いたままでどうやって微笑むかという問題をうまく切り抜ける方法を学んだ。それを機に私が新たに開発した、歯を見せながらの歪んだにやにや笑いは、まったく新たなタイプの悪役を演じる機会を与えてくれた。さらに幸運なことに、くだんの歯医者の椅子にすわって経験したことは、当時は予想していなかったようなあり方で役に立つことが、のちになって判明した。

私は、その日の歯科医とのやりとりを、日常生活で頻繁に生じるできごととして見るようになった。それは、人間関係の柔らかな小帯、すなわち繊細な組織を脅かすつかの間の出会いだったのだ。その日私は、友情を求めて歯医者に行ったわけではない。しかし少なくとも、自分に配慮してほしいとは思っていた。だがその私の期待に反し、私をじっと見つめてはいたものの、彼は、私を一人の人間として扱っていないのではないかという印象を受けた。私がそこに存在していたのなら、私は彼の配慮の対象でなければならなかったはずだ。ところが彼は、空虚な対人関係という曖昧模糊とした霧のなかに向かって語りかけていたのである。

私にとってそこにすわっていた数分間は、まったくもってお粗末なコミュニケーションの、そしてそれを引き起した原因、すなわち自分を理解してほしいと願っていた人物からの乖離を象徴するできごとになった。この種の乖離は、ビジネスから私生活に至るまで、あらゆる種類のものごとにおいて幸福や成功を阻害し得る。

自分が関わり合おうとしている人々と真に関わり合うことができず、誤解という障害物に苦しむことは、日常生活を円滑に過ごせるよう導くギアにはさまった砂のようなものである。

人々に「理解してもらえない」とき、つまり自分にとってごく単純な主張だと思われることを他者が理解してくれないとき、誤解によって人間関係が阻害される。

あなたが会社の経営者だったとしよう。あなたが、顧客や従業員とうまく関わり合えていると思い込み、自分の言うことを誰もが理解してくれていると考えていながら、実はそうでなければ、顧客も従業員もあなたから離れていくだろう。あなたが科学者だったとしよう。あなたの言っていることが出資者にはちんぷんかんぷんであるために、あなたは投資してもらえないかもしれない。あるいはあなたは、くだんの歯科医のように、治療を必要としている患者に苛立ちながら応対する医師かもしれない。それとも、あなたの愛する人は、あなたの言葉を理解できないために、あなたをうとましく思っているかもしれない。

だが、そのような事態に至るのを避けることは可能だ。

ここ二〇年間、私はコミュニケーションが、とりわけ複雑かつ重要なものごとを伝えようとするとき、なぜかくも困難になるのかを理解しようと努めてきた。私はまず、科学者が一般の人々に自分の業績を説明する方法を検討することから着手することにした。そのために、ニューヨーク州立大学ストーニーブルック校にサイエンスコミュニケーションセンター（Center for Communicating Science）を設立するための支援をし、私たちはそこで学んだことを国内や海外の大学や医学校に広めた。

しかし、一般の人々にわかりやすく説明する能力を身につけられるよう科学者の支援をしているうちに、私たちはコミュニケーションの基本中の基本を教えていたこともあって、それが科学者の行なうコミュニケーションのみならず、私たちの誰もが互いに関わり合うあり方にも効果を及ぼし得ることに気づいた。

実のところ私たちは、共感能力や、他者の心のなかで起こっていることに気づく能力の発達を促していたのである。

私たちは、これらの能力こそがカギであることを、つまりそれなしでは真のコミュニケーションが成り立たない基本構成要素であることを悟った。共感能力を発達させ、他者が考えていることを認識できるよう学ぶことは、適切なコミュニケーションを行なうにあたっての必須の要件なのであり、本書の主題はまさにそこにある。

これは、私の個人的なストーリーでもある。というのも、複雑なものごとを含め、人々が自分の考えていることを他者に明確に伝えらえるよう導いてくれる方法の探究は、私が役者として何年もかけて学んできたことにも関係するからだ。私が学んできたことには、聡明な科学者に彼らの研究について尋ねることで得られたものもあるが、多くは舞台の上で他の役者と面と向かって対峙したときに得られたものである。その経験は、日常生活で他者と関わり合う際の自分の態度を変えた。またそれは、演技の才能のある人ばかりでなく誰にでも学ぶことのできるものであり、驚くほど単純なものである。本来私たちはその力を活用できるよう作られているはずだが、残念ながらたいがい無視している。

役者のあいだでは、それは関わり合い（リレーティング）と呼ばれている。

第１部
関わり合いがすべてである

第1章　関わり合い――それはケーキそのものだ

数十年前のある日、例の歯科医とのやりとりに関して深い理解に至る道を開いてくれたばかりでなく、わが人生の方向をも変える手紙が届いた。

ＰＢＳテレビの番組プロデューサーから送られてきたこの手紙は、『サイエンティフィック・アメリカン・フロンティア』と呼ばれるテレビ番組の司会をすることに興味がないかを尋ねるものだった。私は科学が好きで、若い頃から『サイエンティフィック・アメリカン』誌を毎号読んでいた。それは、科学に関して私が受けた唯一の教育だった。私は手紙を受け取ったとき、内容を二度読まねばならないほど有頂天になっていた。「サイエンティフィック・アメリカン！　わが母校！」。そう思ったのだ。今回は、科学者自身から学べる機会が転がり込んできたのである。

しかし数分が経過すると、おそらくＰＢＳのプロデューサーは、番組の冒頭でその週のトピックを紹介したあとすぐに引っ込んで、カメラに映らずにナレーションを読んでくれる、視聴者に顔の知れた人物を探しているのではないかと、私は思い始めた。科学者とじかに話すことに比べると、それでは物足りなく感じられたので、私自身が科学者にインタビューできないかと訊いてみた。インタビューの撮影には、まる一日かかるであろうことはよく心得ていた。撮影だけでなく、何時間もかけてその準備をし、ランチを食べ、実験室を見て回る必要があるからだ。だが、そこには何かを学ぶ機会があるにちがいなかった。

ただし、小さな問題があった。私には科学者はもちろん誰かにインタビューした経験があまりなく、プロデューサーが私の要求を飲めば、局はリスクを負わざるを得なかった。

だが私はと言えば、お気楽と言えるほど自信に満ちていた。何度かトークショーでゲストの司会を務めたことがあり、さらにはわが商売道具の一つは人々を導く能力、すなわち人の話を聞いてそれに呼応する能力であると考えていた。加えて私は、演劇界で行なわれている特殊なトレーニング、「即興」で鍛えられている。このトレーニングは、他者に対しオープンな姿勢をとり、波長を合わせ、アイデアや感情のダンスを踊りながら協調し合い、自然な成り行きに身を委ねて相手とともにそれが導くところならどこへでも行く能力を育むゲームやエクササイズから成る。

『サイエンティフィック・アメリカン・フロンティア』のプロデューサーは、私ほどの確信は持っていなかったのであろうが、局は私に賭けてみることを決意し、一九九三年にシリーズの撮影を開始した。最初のエピソードでは、太陽光のみをエネルギー源として走るレーシングカーが取り上げられた。私たちはカリフォルニア大学ロサンゼルス校に出かけ、ある科学者が巨大なソーラーパネルの製作に取り組んでいる作業場で撮影の準備をした。科学者への初めてのインタビューを目前にして感慨にふけっていると、プロデューサーの一人ジョン・アンジアが私を呼び、科学者のほうに向かって目配せをした。それからカメラマンのピーター・ホービングが、カメラを構えて撮影を開始した。

作業場に入ったとき、その瞬間が、吠え立てる歯科医のお粗末なコミュニケーションを克服するのに貢献し、自分の人生のほぼあらゆる局面で重きをなすようになる、共感と傾聴に基づくコミュニケーション技法を探究する二〇年以上に及ぶ探究の嚆矢になるとは、私には思いもよらなかった。すべては、この瞬間から始まったのである。しかし当時の私は、それに気づいていなかったばかりでなく、自分が何をしようとしているのかが実際にはよくわかっていないと心の片隅で思っていた。だから私は一瞬躊躇した。

もう一度アンジアが、いかにも「これが、あんたの望んでいたことなんだろ？」とでも言いたそうな様子で科学者のほうに向かって目配せをし、「さあ彼のいるところに行って、会話を始めよう」と言った。私は科学者のそばに行き、自信満々に微笑んだ。そしてあっという間に、三つの大きなヘマをやらかした。

目と耳と感覚によって傾聴する

最初のヘマは、自分の持つ知識を過大評価していたことである。短いあいさつを交わし、ソーラーパネルをさっと眺めてから、私は科学者に、「それだけたくさんの部品を買い集めるのは、さぞたいへんだったでしょう」と言った。すると彼の顔が少しこわばるのがわかった。彼は、ややむっとした表情で「これらの部品は店では買えません。私たちは、私はそれに構わずに一から作らなければならないのです」と答えた。彼は不安の表情を浮かべていたが、私はそれに構わずにいた。自分でも少しばかり不安を感じていたが、彼の不安も自分の不安も無視したのだ。その挙句、今度は体でヘマをした。

私はソーラーパネルに手を伸ばし、いかにも手馴れているようなふりをしてその表面に触った。すると彼の顔が再びゆがむのがわかったが、そのまま続けた。触るだけでは満足できなかった私は、ソーラーパネルを軽く叩きながら、驚嘆の念を示せば彼の態度も変わるだろうと期待して「すごい！」と口走った。

私の振舞いを目にした科学者は、「そいつに触らないでください。台無しになるかもしれませんから」と言った。彼の顔に苦悩の表情が浮かんでいるのが、今やはっきりとわかった。すでにその表情に気づいてはいたのだが、それまではとにかく無視していたのだ。つまり目で傾聴していなかった。

それから私はソーラーパネルについてどうにかいくつかの質問をすることができたが、インタビューは途切れがちで説得力のないものになってしまった。そして三つ目のヘマをしでかした。表情を無視することで真に彼と関わり合えていなかったのと同様に、私の受け答えは、彼が私に語っていることに呼応して発したものではなかった。つまり私は、私の質問に対する彼の回答を真に傾聴していなかったのだ。

私は三つの点で、彼の話を傾聴していなかった。「部品を買い集める」と言ったとき、私の注意は彼ではなく自分の思い込みに向けられていた。彼の表情を読もうとしなかったとき、ボディランゲージに注意を払っていなかった。彼の言葉とは無関係な質問をしたとき、彼との関わり合いを絶っていた。要するに、私はそこに一人で立っていたのだ。自分の頭のなかに閉じこもっていたら、会話が硬直しないほうがおかしいだろう。

この経験のせいで、私は少しばかり意気消沈してしまった。わが自慢の、人の話を聞いて呼応する即興の能力は、舞台では十分に鍛錬して披露できたのに、今ではいったいどこに行ってしまったのだろうか？　役者仲間と実践した即興の経験はいつも大切にしてきたつもりなのだが、今になってなぜできなくなってしまったのか？

即興

舞台での即興は、準備なしにその場で滑稽な寸劇（スケッチ）をあみ出すことだと、通常は考えられている。実際に観客が目にする即興のほとんどはコメディにおけるもので、私の即興の経験もコメディに始まる。

まだ二〇代前半だった頃のある夏の日、私は〔マサチューセッツ州〕ハイアニス・ポートにあるホテルの地階で催されたキャバレーショーに出演していた。ショーの第一幕は、リハーサルで即興を通じて生み出した一連の寸劇から成っていた。決まったセリフはなく、ショーの内容はすべて、役者同士の自然なやりとりから発展していった。準備と言えば、これから自分が演じる人物（キャラクター）について考え、他の役者が何をしようが依拠することのできる、奇想天外な役を構想しておくことだけであった。そしてリハーサルでこれらの寸劇を何度か試してみた。したがって即興とはいえ、ショーの前半に関して言えば、確たる展開になるであろうと十分に予想できた。

しかし、前半と違って後半はビクビクものだった。

休憩に入る前、私は観客に、その日のニュースから見出しや単語を拾うよう求めた。それから私たちは、観客があげた見出しや単語の一覧を楽屋に持ち帰って、わずか一五分のあいだ、それをもとにさまざまなアイデアを交換し合った。

たとえば一覧に「税金」という言葉があったとすると、私は役者仲間のハニー・シェパードに「所得申告の監査を受けようとしている老婦人をあなたが演じる、なんていうのはどう?」と持ちかける(シェパードは数十年後、TVドラマ『ザ・ソプラノズ　哀愁のマフィア』でカーメラ・ソプラノの母親役を演じることになる)。この老婦人は、やさしく、道理をわきまえ、徹底的な反戦主義者であるという設定だ。

ハニーが舞台にあがったとき、税務監査員が彼女に「なぜ税金を払っていないんだ?」と尋ねたとする。すると彼女が扮する老婦人は、「だって爆弾を買いたくないから」とかなんとか言う。彼女がそう答えることで、寸劇は、論理的に言ってとても非論理的な会話へともつれていく。

このようにして、知恵を出し合いながら最低限の前提をひねり出している段階では、実際に舞台で何をし、何を口にするのかはまったくわからない。つまり寸劇がいかに展開し、どのように終わるかはやってみなければわからなかったのだ。そして誰かがオチになりそうな言葉をたまたま口にしたとき、舞台裏の誰かが電気のスイッチを切って部屋を真っ暗にし、寸劇を一段落させるのである。

たとえば記者会見寸劇では、私はケネディ大統領に扮し、観客のなかにいた何人かのジャーナリストから質問を受けた。彼らは、その朝同じホテルで、正真正銘のケネディ大統領にそれとまったく同じ質問をしていた。それに対するケネディ大統領の返答はまだ新聞には出ていなかったので、私は臨機応変に答えるしかなかった。

このように即興では、観客の前でみごとに失敗するのではないかという不安が、いとも簡単に頭をもたげてくる。

初演日が近づいてくると、私たちはまさに清水の舞台から飛び降りようとしているかのごとく、ぞくぞくする興奮を感じ始めた。

この種の即興はビクビクものではあるが、ショーの最中に何が起こるのかがまったくわからないことから来る興奮もその感覚には混じっている。うきうきするような気分と言ってもよいだろう。だが、二つの点で制約を受ける。第一に、スケッチは滑稽でなければならない。そして私たちは当時、即興のトレーニングをほとんど、あるいはまったく受けていなかった。つまり、自分の肝っ玉(ガッツ)に頼らなければならなかったのである。

しかしそれから二年ほど経った頃、私はそれとはまったく異なる即興に出会う。

私は当時、大成功を収めていた即興一座セコンドシティを創設したポール・シルズが運営するワークショップに招待された。彼とは、ニューヨーク市のダウンタウンにあるセコンドシティの舞台で週に二度会っていた。その舞台では毎晩、ベテランの役者たちが即興でコメディを演じていたが、彼とのセッションでは、それとはまったく異なる種類の演技を紹介された。

彼の母ヴァイオラ・スポーリンは、厳格な即興トレーニングを考案して大きな業績をなし遂げていた。このトレーニングによって、役者は、自然につながり合う能力を徐々に育むことができる。その目的は、コメディのためではない。賢(さか)しらに振舞ったり、ジョークをひねり出したりすることは禁じられている。劇場で演技するためには、それよりはるかに基本的な何かが探究されなければならない。その何かとは、より深く観客に訴えかける演技を促す、ある種の関わり合いである。

セッションでは、ポールはヴァイオラ・スポーリンの著書『即興術――シアターゲームによる俳優トレーニング』をひもときながら、実践者を徐々に変えていくゲームやエクササイズを行なうことで私たちを指導した。シルズのゲームは、プレイヤー同士がダイナミックにつながれるよう導いてくれる。一人のプレイヤーがしたことは、ただちに他のプレイヤーによって感じ取られ、呼応される。そして今度は後者の呼応が、前者の自然な呼応を生み出す。これはまさに真の関わり合い、相手に呼応(レスポンシブ)してのリスニングであり、やがて私は、舞台でも、日常生活でも、それらが必要不可欠なものであるという認識に至った。

六か月後、私は、これらの即興セッションに参加したことで、自分が役者としても人間としても変わったと感じられるようになった。

ところがソーラーパネルに関するインタビューをしたときの私には、それがうまく機能していなかった。そのときの私は、自分が渇望する知識を与えてくれるはずの科学者と会話していたにもかかわらず、彼の言うことに耳を傾けていなかった。

なぜか？　私はそれまでの生涯を、他の役者に耳を傾けることで費やしてきたというのに、このザマはいったいどうしたことだろう。少なくとも、そうしようと努力してきたはずだった。どうやらそれは、何度も学び直す必要があるものらしかった。

役者になりたての頃、私は、耳を傾けることが他者との関わり合いと何か関係があるのではないかとおぼろげながら考えていた。ただし、「関わり合い」という言葉には何か謎めいた響きがあるようにも思ってはいた。その言葉は監督たちがよく口にしていたし、スタニスラフスキーやボルスワフスキーなど、なんとかスキーという名の、何人かのロシアの演技指導者が書いた本のなかで繰り返し見かけた。それでも関わり合いによって何がもたらされるのかについては、はっきりしないままだった。明らかに、他者との何らかのふれあいを意味するのであろうことはわかった。だから私は、そこから何となく、相手の顔に自分自身を置いてみることだろうという結論を引き出したのである〔「putting myself in the other person's face」は「Put oneself in another's shoes（他者に共感する）」のもじりと思われる。共感は本書の主要な主題の一つであり、のちの章で詳しく取り上げられる〕。そのようなわけで、「もっと関わり合え」と指示されると、傾いた電信柱のように相手のいる方向に身を傾けることにしていた。だがもちろん、それでは関わり合いではなく、単にもたれているだけである。関わり合うようさらに執拗に監督から求められると、私は肩を落として自分の鼻を相手の鼻のすぐ近くまでもって行った。まるで生物の進化をわかりやすく説明する漫画に描かれた、直立歩行する寸前の類人猿のように、相手に覆いかぶさるように前かがみになっていたのである。それを見た監督が、賞賛のため息をついたりするはずはなかった。

ずいぶん昔の話だが、ブロードウェイミュージカル『リンゴの木（*The Apple Tree*）』のリハーサルで、女優のバーバラ・ハリスと私は、監督のマイク・ニコルズに演技の指導を受けたことがある。ニコルズは、もっと関係し合うよう私たち二人（といっても、彼女より私のいる方角を見ていたような気もするが）に要求した。そのうち彼は我慢できなくなったらしい。「おまえたち、関わり合うことがケーキのトッピングのようなものだとでも思っているのか？　そうじゃないぞ。それはケーキそのものだ」と言い放ったのだ。

ならば、それはいったい何なのだろう？　関わり合うとはいったいどういうことか？　それをおおよそ次のような言葉で説明できるようになるまで、何年もの歳月を要した。

関わり合うとは、背中を向けていても相手を観察していられるほど、その人に配慮していることを意味する。そして、言葉のみならず声音、ボディランゲージ、さらには相手が部屋のどこに立っているのか、あるいはどのような様子で椅子にすわっているのかなどといった些細なものごとを含め、相手の示すあらゆる態度や言動が自分に及ぼす影響に身を委ねることなのだ。つまり自分に浸透してくるあらゆるものごとに身を任せ、相手にどう対応するかが、それによって影響を受けることを容認する態度を意味するのである。

レスポンシブ・リスニング

レスポンシブ・リスニングを論じる科学論文はあまたあるが、私はそれを、役者としての個人的な経験を通じて理解するようになった。演技では、この種の関わり合いは基礎的なものである。台本に書かれているから次のセリフを口にするのではない。共演者があなたにそのセリフを言わせるよう振舞ったがゆえに、あなたはそれを口にするのである。関わり合うことは、相手が自分に影響を及ぼし、ある意味で自分が変化するのを受け入れることを意味する。だから、それに従って呼応するのだ。

役者にとって、自分の演技を計画することと、共演者の目に自分の演技を見出すこと（それによって呼応し合うことが可能になり、それは日常生活における私たちの振舞いにも似る）は異なる。

役者としてそのような背景を持つにもかかわらず、ソーラーパネルに関して科学者と会話をすることが求められていたのに、私は彼と関わり合ってはいなかった。真の関わり合いは、演技においてのみ求められるのではないということに、私は次第に気づき始めていた。人の話を聞くことが、相手が話し終えるのを待つことにすぎなかったら、真の会話は起こり得ない。

話を聞くことと自分が変えられるのを受け入れること

舞台で場面が進展するには、共演者が自分に影響を及ぼせるようでなければならないという考えが非常に気に入った私は、日常生活においても、全身全霊を傾けて呼応しない限り、あるいは実のところ相手によって自分が変えられることを進んで受け入れない限り、おそらくはほんとうに相手の話に耳を傾けているとは言えないのだという結論に至った。だが、単純素朴に心を開いて先入観を持たずに相手の話に耳を傾ければ、というよりおそらくはそうした場合にのみ、自分と相手のあいだに真の対話とコミュニケーションが成立する可能性が生まれるのだろう、とも思った。

この理解は、誤解や悪感情をなるべく引き起さずに、医師（や歯科医）が患者と、セールスマンが顧客と、両親が子どもと、あるいはカップル同士で会話する際の前提として必要とされる要件の第一ステップでもある。とはいえ、とりあえず私は、人間味あふれるあり方で自分のストーリーを紡げるよう、科学者を支援することに焦点を絞った。

演技のテクニックとしてだけでなく、人と人の交流の一部として相手の話に耳を傾ける方法を学び直し始めた私は、『サイエンティフィック・アメリカン・フロンティア』のインタビューで前もって質問を準備したりはしなくなった。もはやインタビューでなく、会話になっていたのだ。

しばらくすると、科学者の仕事について実際に知っていることより多くを知っていると思い込んでいると、話をしている最中に問題が生じることに気づいた。誤った前提に基づく質問で、科学者の横面を張っているようなものだった。そこで私は大胆にも、科学者に会う前にその人が書いた論文を読んだりはしないことにした。好奇心と無知だけを手にして会うことにしたのである。当時の私は、無知をさらけ出すことの価値を学び始めていた。そうすれば科学者は、私にどれだけの知識があるのかをはっきりと見て取って、そこから話を始めることができた。

好奇心の裏づけがある限り、無知は味方になった。好奇心に裏づけられていない無知は問題だが、好奇心があれば、無知は底に沈んでいるコインを見通すことのできる澄んだ水になった。

伝染性のリスニング

その心構えは、ダイナミックな関係をもたらした。科学者は、私が彼らの業績をほんとうに理解したいと思っていることを進んで見て取るようになった。またそれは即興の訓練で行なったゲームと同様、対話の相手にも効果を及ぼし、科学者の方でもより上手に呼応できるようになった。一人の人間として私と関わり合うようになったのである。カメラを前にして不安を募らせたり、視聴者の目を気にしたりすることがなくなり、高度な専門用語を使って話さなければならないなどと感じることもなくなった。そこには真の人間性が滲み出ていた。なぜなら科学者たちは、いかに時間がかかろうと、彼らの業績を何としてでも理解したいと考えている一人の人間と会話していたからである。

このように、私のレスポンシブ・リスニングは科学者たちを鼓舞した。それは伝染性だと言えよう。彼らは一種のダンスに引き入れられ、突然私とのあいだに共有空間が開けたのである。

科学者たちの声音が暖かく親密なものとなり、ユーモアのセンスが自然に滲み出てくるようになると、視聴者は彼らを仲間として、ときには非常に人間味のある人々として見るようになった。

あるエピソードでは、私は恐ろしく知的なロボットを開発した研究者と話をした。ロボットに不安を抱く人もいるので、いつの日か彼が生んだロボットが自らを複製できるほど賢くなって、もはや人間など必要ないと判断し、人類に反旗をひるがえすようになったらどう思うかと尋ねてみた。すると彼は長いあいだ考え込んでから、「そうなったら私はノーベル賞をもらえるだろうか?」と逆に訊いてきた。

普通にインタビューしていたら、彼はそんな冗談を言ったりはしなかっただろう。そしてその冗談は、科学の営みのかなりの部分を動かしている競争という側面に触れる、またとない機会を提供してくれた。

私たちはこの種のさまざまな経験を通じて、自分をありのままに表現できるよう、番組に登場する科学者が暖かく魅力あふれる人物であると視聴者に感じられるよう科学者を支援する方法を見つけていった。こうして、視聴者が通常の人間関係として認識することのできる結びつきを、科学者と私のあいだに築くことができるようになったのである。

しかしある日、その結びつきがいとも簡単に断ち切られ得ることを思い知らされた。

そのとき私は、非常に強い関心を抱いていた科学者の研究室で特別なつながりを確立できて喜んでいた。会話ははずんだ。彼女が自分のしている複雑な研究について語っているときでも、私は彼女と波長が合っていると感じていた。私たちは関わり合っていた。

それから彼女は、自分の研究についてさらに掘り下げて語り始め、彼女の顔には光の明滅のようなものが見られた。それが何なのか私にはよくわからなかったが、突如として会話はもはや私たち二人に関するものではなくなっていたのだ。どうやら彼女は、私に語っていることが、いつもの講義とたいして変わらないものであることを思い出したのだと思う。そうに違いはない。というのも、彼女は突然カメラのほうを向いてレンズを直接覗き込み、講義し始めたからだ。声音はそれまでの自然さ、暖かさを失い、大教室での講義のような、形式的で堅苦しいものに変わっていた。彼女が使う語彙は、一般人には理解できない専門用語に満ちていた。要は、完全な講義モードに入ってしまったのである。カメラはその矢面にさらされた。

私は、インタビューをもとの調子に戻そうといくつか無知な質問をした。無知な質問をするのは実に簡単だった。何しろ彼女の言っていることがまるで理解できなかったのだから。彼女はゆっくりと私のいるほうに向き直り、私の目をとらえ、声は暖かさを取り戻した。会話は再びスムーズに流れ始めた。愉悦の瞬間は四五秒ほど続いたが、彼女はその状況に耐えられなくなったらしく、再度カメラのほうを向き、頭のなかで講義用ポインターを振り上げて、カメラに向かって振りかざした。

『サイエンティフィック・アメリカン・フロンティア』の司会をしていて、そのような場面にはほとんど遭遇しなかった。ひとたび会話がスムーズに流れ始めれば、たいてい親密さは増すばかりであった。その日親密さが失われてしまったのは、彼女のせいだとはまったく思っていない。最初はすばらしい話を生き生きと語ってくれたのだから。しかしそのとき私は、形式張った態度やジャーゴン〔仲間内でしか通用しない専門用語）が、人と人との関わり合いを強引に引き裂いてしまう場合があることに気づかされた。

一一年続いたシリーズが完結したとき、私たちは、一般の人々に科学をおもしろくかつ正確に伝えるという価値ある業績をなし遂げられたと感じていた。それでも、私には何かが気にかかっていた。私の心は、くだんの女性科学者の研究室で繰り広げられた場面を何度も何度も再生していたのだ。私が粘り強くもとの調子に引き戻そうとしなければ、彼女は講義モードに入りっぱなしになっていただろう。

ジャーゴンという厳寒の北極に磁石のように引きつけられる、この傾向を脱せられるよう科学者を導くことができないものか？　視聴者と親密なつながりを築き、『サイエンティフィック・アメリカン・フロンティア』に登場した科学者が示してくれたように、自然な会話の流れを保てるよう導けたら？そして科学者自身が誰の助けも借りずにそうできるようになれたらどうか？　そう私は考え始めた。

これらの問いが生じると同時に、科学者と私の会話を生き生きとしたものにした要因が何であったかを思い出し、私のルーツたる即興に戻って考えてみた。すると問いは、「科学者も即興を学べば、視聴者にとってより近づきやすく魅力あふれる存在になれるのだろうか？」というものになった。

これは乱暴な考えにも聞こえるが、私は自分の経験から即興が強力なツールであり、試す価値のある方法であることを確信していた。

だから私は試してみることにしたのだ。

第2章　工学部の学生とシアターゲームをする

サイエンスライターのＫ・Ｃ・コールは、彼女が教えている南カリフォルニア大学で開催される予定の、サイエンスコミュニケーションをテーマとする公開討論会に私を招待してくれた。うまくいくかどうかはわからなかったが、私はあることを試してみたかった。だから彼女に、講演が終わったあとで、即興の実験をするために工学部の学生を二〇人ほど連れてきてほしいと頼んだのだ。

私は彼らに、自分の研究について他の学生に二分間話をする準備を整えるよう言った。それからしばらく即興ゲームをして、もう一度彼らに話をしてもらうつもりだった。うまくいくことを願ってはいたが、何が起こるかはまったくわからなかった。

学生たちは、なかば元気よく、なかば不安そうに誰もいなくなった大教室に入ってきた。予想していたことだが、最初のトークでは、とても快活に話す学生もいれば、しゃっちょこばって話す学生もいた。そもそも、コミュニケーションのトレーニングを受けた経験は誰にもなかった。パワーポイントにかかりっきりになっている学生もいたが、ほとんどの学生はすぐにジャーゴンを連発し始めた。ジャーゴンは、聞き手が理解できるのなら特に問題はない。だが、そこにいたのが全員工学部の学生だったとしても、彼らは互いに異なる分野の研究をしており、同じ専門用語を共有しているわけではなかった。工学部の学生のあいだですら、専門用語の連発は会話のじゃまになる。

最初のトークが終わったあと、私は彼らに三時間ほど基本的な即興ゲームやエクササイズをさせた。彼らはゲームを楽しみ、不安を感じてはいなかった。コメディを演じることが目的ではなかったものの笑いが飛び交い、学生たちはリラックスしてゲームを楽しんでいた。その様子があまりに楽しそうだったため、撮影を頼んでいた学生まで、何度かカメラを放り出してゲームに参加しようとしたほどだった。スポーリンの著書には、その種のゲームがたくさん紹介されている。三時間のセッションで使うために、そのうちから二つか三つを選ばなければならなかった。

最初のゲームでは、空間がモノでできているかのように感じながら室内を歩き回るよう指示した。「顔にあたっているかのように感じなさい」「次は足首にあたっているかのように」と私は叫ぶ。空気を感じるのではない。彼らに求められていたのは、実在しない何かを体で感じられるようにする、想像上の行為なのである。あたかも空間がモノからできているかのごとく想像し、その作用のなすがままになるよう求められたのだ。

このゲームをしばらく続けていた学生たちは、何もない空間を形状や構造へと変えていった。無でできた彫像とも言えようが、心のなかでは、それらを見ることができたのだ。

グループ実験としてのコミュニケーション

このグループ彫刻のゲームは、他者とその瞬間を共有することへの、そして関わり合う能力を育むことへの出発点であった。

　次に私は、いくつかのグループにまとまって、メンバーと一緒に空間から何かを作り上げるよう求めた。どんな形状になるのかは彼らにもわからなかった。それは想像上のものであり、しかもグループで一緒に作り上げるものなので、それを見る方法は一つしかなかった。すなわち、他のメンバーがどのように空間を操作しているかを観察することによってである。彼らはメンバー全員で一個のオブジェクトを徐々に出現させ、それを見てクスクス笑いをしていた。ジョークを言い合っていたわけではないが、それでも彼らは笑っていた。

　このようなエクササイズは、関わり合いにおいては他者が必要不可欠なパートナーになるという気づきをもたらす第一ステップをなす。他のメンバーが彫像にこぶを作ったら、それを無視してはならない。こぶができたことを認めたうえで、そこから何かを築いていかなければならないのだ。

　コミュニケーションは、誰かに何かを言ったから生まれるのではなく、相手をよく観察し、自分についてくる相手の能力を見極めることで生じる。何もない空間から彫像を作り上げるゲームのように、コミュニケーションはグループ経験なのである。

　その日にやった別のゲームでは、まず誰かが身体を使って一つの動作をした。他のメンバーは、何の動作をしているのかを推測しなければならなかった。しかも単に言葉で答えるのではなく、その動作に自分も参加することで示さなければならなかった。

　たとえば誰かが立ち上がって、トロンボーンを吹く真似をしたとする。それが何の動作かを見て取った他のメンバーがそれに参加して、チェロを弾く真似をする。するとさらに別のメンバーがティンパニを叩き始め、やがて架空のオーケストラが演奏を繰り広げる。

それから私たちは、メンバー同士で話したり聞いたりするゲームをした。こうして、メンバーが互いを観察する能力を高め、心地よく親密に関わり合えるよう徐々に導いていったのだ。

さて、彼ら工学部の学生たちは、二回目のトークを行なう際、ゲームをしているときと同じような自然さで聴衆と関わり合うことができるだろうか？　それとも再びジャーゴンを連発する講義モードに入ってしまうのか？　結果は、居合わせた誰をも驚かせた。

私を含めて。

私の当初の予想では、多少進歩した学生が二、三人現われるだろうといった程度のものだった。ところが実際には、一回目のトークのできの如何にかかわらず、ほとんど全員が進歩を見せたのである。たとえば、一回目のトークでは自意識が過剰なために聴衆の頭上を見つめていた女子学生が、聴衆の目を見ながら話すことができるようになっていた。また、一回目のトークでは最初こそ自信満々に洗練された話をしていたにもかかわらず、次第にパワーポイントにかかりきりになり、スライドに向かって語りかけるようになってしまった学生が、リモコンを手放して、心から話をすることができるようになっていた。

実験が終わったあと、K・C・コールは、実験は完全な失敗に終わるだろうと思っていたと、少しはにかみながら私に打ち明けてくれた。三時間ほどゲームをすることで、自分たちの研究について人々に伝える能力に、これほどの変化が見られるとは思いもよらなかったのだ。

私は自分の経験から、たった一日だけ即興ゲームをしても、効果が長続きしないことをよく心得ていた。即興はその人を変えるが、それには時間をかける必要がある。とはいえ、この実験では、当初予期していなかった有望かつ少しばかりエキサイティングな結果が得られた。防御を固めた慎重な工学部の学生でさえ、心を開いて、独自の人間性を発露し、それまでは見られなかったあり方で聴衆とつながり、話をすることができるよう教えることができたのだから。そして若い科学者の紅潮した満足そうな表情は、彼らがゲームを楽しんだことを示していた。

車に乗って南カリフォルニア大学をあとにしたときには、私はこの一件がどう発展するのかがよくわかっていなかった。それでも、何か重要なこと、もしかするとそれまで夢に見るしかなかったようなあり方で、ものごとを変えることのできる何かが起こったのではないかとおぼろげながら感じていた。

『サイエンティフィック・アメリカン・フロンティア』の撮影で、私が理解できる言葉で自分の業績を語ってくれるまで科学者をせっつくのは、つねに刺激的な経験だった。他の人たちにもその興奮を味わってもらいたいと、また、科学者には自分の考えを一般の人々が理解するのを見ることの喜び、言い換えれば自然の探究を通して自分が得た喜びと同じくらい、聴衆が興奮しているところを見ることの喜びを知ってもらいたいと、私は常々思っていた。

それから数年間、理系学部を持つ大学を訪問したときには必ず、学長と数分間ざっくばらんな話をして、率直につつましやかな提案を持ち出すことにしていた。「学生が科学を学んでいるあいだに、コミュニケーションのスキルを鍛錬することができると思いますか？　聴衆に向かって話す、国会議員を相手に話す、本を書く、雑誌や新聞に一般向けの記事を書くなど、あらゆる種類のコミュニケーションについてです。この大学では、科学だけでなくコミュニケーションにも卓越した人材を輩出できていると思

います か?」と尋ねたのである。

ある日、私は何人かの偉大な科学者を輩出している大学の学長と食事をしながら自分の考えを開帳していた。彼は私の話にあまり興味がなさそうに、「わが大学では、優秀なプレゼンテーションを選んで表彰するコンテストをすでに行なっている」と言った。

それに対し私は、「それはすばらしい。でも賞は、すでにすぐれたコミュニケーション能力を持っている人を表彰するものです。コミュニケーションが不得手な学生を対象に、少しばかりトレーニングを施すことができれば有益ではないでしょうか?」と答えた。しかし、どうやら話が通じていないらしく、彼はカリキュラムの変更よりサラダに興味があるといった様子をしていた。

彼はポツリと、「科学を教えるだけでもたいへんなのでね」と言った。

残念ながら、「科学にもコミュニケーションは非常に重要なのではないでしょうか?」「コミュニケーション抜きで、科学ができるのでしょうか?」「資金提供者が何に資金を出すのかを理解せずして、科学者は研究資金を手にできるのでしょうか?」「科学がエキサイティングなものであることを科学者からじかに聞かずして、若者たちは科学を学ぼうとするでしょうか?」などといった決定的な質問ができるほど、そのときの私は冴えていなかった。

いずれにしても当時はまだ、その種の活動を始めたばかりで、これらの質問を繰り出すタイミングを図ることができないままデザートを食べる破目になってしまった。

彼を責めることはできない。彼は科学を教えることで手一杯であり、そもそもコミュニケーションの達人の話を聞いていれば、学生はその方法を勝手に会得するだろうと思っていたようだ。だが、コミュニケーションの達人の話を聞いていればそれでよいというものではない。コミュニケーションの方法を学ぶにはトレーニングが必要なのである。私は名ピアニストの演奏を生涯聴き続けてきたが、今でもピアノを弾くことができない。

私の印象では、彼は学生によるコミュニケーション能力の習得を運まかせにしていた。物理や数学や化学の習得を運まかせにしたりはしていないのに。それでも私は、自説を強引に主張することはしなかった。上玉のレトリックは、次に訪問する大学の学長に繰り出すためにとっておくことにしたのだ。

ある晩私は、ロングアイランドにあるニューヨーク州立大学ストーニーブルック校〔以下ストーニーブルック校と訳す〕の学長、シャーリー・ストルム・ケニーと夕食の席をともにした。この頃には、私の話は説得力が少しばかり増していた。のみならず彼女は文科系の出身で、科学者のコミュニケーション能力の改善を支援することに関心を抱いており、私の考えに賛同してくれた。

私たちの共通の友人リズ・ロビンスは、自分の信念を説いて回るロビイストで、彼女の信念の一つはサイエンスコミュニケーションの促進にあった。その彼女がミーティングを開くことになり、ロングアイランドにある彼女の家の裏庭に十数人の学部長や教授が集まって、ゆりいすをゆったりと揺らしていた。彼らはレモネードを飲みながら、私がサイエンスコミュニケーションについて熱弁をふるうのを聞いていた。彼らの表情には関心の現われが見られ、私の話にほんとうに聞き入っていることがよくわかった。その一人はジャーナリズム学科の学科長ハワード・シュナイダーだった。細身の彼は親しみやすい人柄で、竜巻のごとく活力をみなぎらせていた。ミーティングが終わるとただちに、彼はストーニーブルック校にサイエンスコミュニケーションセンターを設置する準備にとりかかった。彼は最近、センターのすぐれた業績が広く知られるようになったので、多くの教授があの日ポーチにすわっていたことを誇りに思っていると私に語ってくれた。彼の話では、実際にはその場に居合わせていなかったにもかかわらず、そのように言う教授もいるのだそうだ。

だが私たちはまだ始めたばかりで、資金を必要としていた。リズ・ロビンスは、政府の助成金を手にできるのではないかと、議員のスティーブ・イスラエルと面会する機会を作ってくれた。

私は、マンハッタンにあるリズのパネル張りの仕事部屋でスティーブと会い、科学者が自分の考えを明快に説明できるようになることがいかに喫緊の課題であるかを熱弁した。すると彼は私の話を途中でさえぎった。

そしてスティーブは次のように言ったのだ。「あなたはそれがいかにひどいかを知りはしない。ある会議でわれわれは一方の側にすわり、他方の側には科学者たちが並んで、いかに自分たちが資金を必要としているかを説明していた。だが、誰も彼らの言っていることが理解できなかった。われわれのあいだで紙切れが回っていた。そこには〈この男の言っていることがわかるか?〉〈いいや、きみは?〉と書かれていたよ」

そもそも彼を説得する必要などなかったのだ。さっそく彼は仕事にとりかかり、私たちは数か月後、念願の助成金を手にすることができた。

こうして私たちの試みはスタートした。

第3章　コミュニケーションの心と頭

共感と「心の理論」

一七八六年、トーマス・ジェファーソンは、無謀にも熱をあげていた女性マリア・コズウェイに手紙を書いた。「無謀にも」と書いたのは、彼女は知性と才能にあふれ美しかったが、既婚者だったからだ（ジェファーソンは独身だった）。彼が書いたこの手紙は、〈頭〉と〈心〉の対話として知られるようになった。彼の〈頭〉は〈心〉に、このロマンスが成就し得ないものである理由を説明し続けたが、〈心〉には〈心〉の思いがあった。

私にとってこのジェファーソンの〈頭〉と〈心〉の対話は、私たちが誰かとコミュニケーションをする際に気づいていなければならないことを正確に表現している。相手が何を考え、何を感じているかを知らなければならないのである。

この対話はある意味で、ジェファーソンの心につながれた二頭の馬のチャーミングな論争であると言えよう。二頭の馬のそれぞれが、相手の影響に憤慨しながらまったく逆の方向に彼の心を引っ張っている。イングランドに帰るマリアと彼女の夫に別れを告げたあと、〈頭〉と〈心〉は、そもそもこの魅力的な夫婦と友情を結んだことによってもたらされた苦悩をめぐって言い争う。

〈心〉：私は地球上でもっとも哀れな存在だ。

〈頭〉：（……）あなたが、われわれをそんな状況に引き込もうとしているのではないのかね。

〈心〉：（……）彼らと知り合ったのは、私のせいではない。それはあなたがしたことだ。

サミュエル・ベケットの『ゴドーを待ちながら』に登場するディディとゴゴのように、心の内なるこれら二つの側面は、どちらも打ち負かされんとして、シャトルを打ち合うかのごとく議論を戦わせる。思うに、この情動と理性の葛藤は、科学のような理解がむずかしい何か、あるいはがんの診断などの本人とって受け入れがたい何かを説明しようとしているときに相手の心のなかで生じるものでもある。

自分を理解してもらうためには、相手の心と頭が協調し合って、この葛藤を解決できるようでなければならない。まさにそれが、ジェファーソンの〈心〉が、対話の最後で〈頭〉に提案していることなのである。「〈心〉は、コズウェイ夫妻に対する愛情を保ち続けることを決心する。彼らをもてなし続けることを〈頭〉が支持してくれるのなら、〈心〉は是非ともそうし続けるつもりだ。そしてその代償として、〈頭〉が高く評価する科学者たちと自分も懇ろにするつもりなのだ」。つまりジェファーソンは、実質的に「〈頭〉よ、私のより柔軟な目的を達成するのを手伝ってくれないか。そうすれば私は、あなたの科学の角をとる手伝いをしよう」と言うに等しい、〈心〉による相互協力の申し出によって対話を終えているのである。

それは情動と理性の平和協定を意味するばかりでなく、私たちの戦略、つまり情動を動員して、より人間的なあり方で困難なテーマを他者に伝えようとする戦略のよきメタファーにもなる。〈頭〉と〈心〉に注意を向けることは、コミュニケーションの核心をなす。

心の状態を示す、あらゆる非言語的な特徴となって現われる手がかりを相手の表情や動作に見出し、とりわけ目も使って傾聴することを心がけていれば、情動的かつ理性的に相手を見ることを通じて、他者との真のつながりが生じる。これは完全かつ総合的なリスニングなのだ。

それは、一つは相手が何を感じているのかを理解すること（一般に「共感」と呼ばれるもの）から、もう一つは相手が何を考えているのかに気づくこと（科学者が「心の理論」と呼ぶもの）から成る。

これら二つの能力は、ときに重なる場合もあり、また、それらをほぼ同義で使う著者もいるが、基本的に異なる。私の考えでは、それらはおもに二つの異なる心の状態に言及する。一つは情動的な側面（共感）であり、もう一つは理性的な側面（「心の理論」）である。

まず情動的な側面から検討しよう。

共感

長いあいだ私は、共感（empathy）という言葉に少なからず用心していた。それについて少しでも考えたときには、気ままに生じる同情（sympathy）のようなものだと思っていた。あるいは、何も感じていないのに他者の痛みを感じると言うような、なかば偽善的な態度ではないかとさえ思っていた。そこにはほんのりと、現実よりも共同体を熱烈に志向する、ニューエイジ的な何かが感じられたのである。とはいえ私たちは、即興のクラスで、他者の情動の状態に対するより高度な気づきに由来すると思しき豊かな経験を享受していた。科学者の研究を知れば知るほど、私は共感を、コミュニケーションの必須の要素と見なすようになった。

コミュニケーションの相手は、興奮、混乱、不満など、自己の感情を口にしないことがあるが、相手の抱いている感情を読みとることは重要である。思うにこのことは、聴衆に語りかける科学者であろうが、患者と話をする医師であろうが、従業員を前にして話をする経営者であろうが、はたまた子どもに語りかける親であろうと当てはまる。

しかし情動（や心）を読むこの能力は、いったい何に由来するのか？　この問いに関しては、科学者のあいだでさまざまな議論がある。

一九八〇年代から九〇年代にかけて、イタリアの科学者たちが、サルの研究をしているときに、他の個体がモノをつかんでいるところを見たサルの脳内で特定のニューロンが発火するのを発見した。それらは、自らが何かをつかんだときに発火するニューロンと同じものであった。しかしそのとき、そのサルは、自らは何もつかんでおらず、他の個体が何かをつかんでいるところを見ていただけだったのだ。ニューロンも、自らが何かをつかんだかのごとく活動していた。これらのニューロンはミラーニューロンとして知られ、世の大きな注目を浴びるようになる。イタリア人の発見者たちの友人、マルコ・イアコボーニは、ミラーニューロンを徹底的に研究し、人間の共感におけるその重要性を確信するようになった。二〇〇九年にTVミニシリーズ『ザ・ヒューマン・スパーク』の撮影で私がインタビューしたおりには、マルコはカリフォルニア大学ロサンゼルス校に所属していた。

暖かい太陽のもと戸外カフェの座席に二人ですわり、私は、ミラーニューロンが、いかに他者の心を読むことを可能にするのかについてマルコの考えを聞いていた。彼の研究によれば、たとえばあなたがコップをつかむのを私が見ると、あなたの脳内で発火したニューロンと同じニューロンが私の脳内でも発火するばかりでなく、あなたがそのコップで何をしようとしているのかさえわかる。彼が言うには、ただ見ているだけで、私のニューロンはあなたのニューロンをミラーリングし、私は、あなたが次に何をしようとしているのかがわかるのだ。

要するに、脳は特定の文脈のもとで他者の行動を見て、次にもっとも起こりそうな行動を一瞬にして見極めるのである。マルコはインタビューで、「それは、他者の意図をシミュレートすることなのです。私たちは、他者がしようとしていることを心のなかで模倣しているのです。私たちは、他者がしようとしていることを予測する必要があります。だからこれは非常に重要な機能なのです」と語っている。

それを聞いた私は、「なぜそれがそれほど重要なのですか?」と尋ねてみた。

この問いに対し彼は次のように答えた。「今私たち二人は脳について話をしています。私は、あなたのボディランゲージを見ることができます。そして、あなたが次に何をするかを予測するために利用できる情報をたくさん持っています。あなたの心を読むことができなければ、この会話は私にとって落ち着かないものになるでしょう。なぜなら、あなたが私に平手打ちを食わせようとしているのかどうかも、私にはわからなくなるからです」

イアコボーニによれば、ミラーニューロンの働きは、他者の意図や行動を読むことだけにとどまらず、情動も読む。彼の論文には、「ミラーニューロンは、脳の情動中枢に信号を送る。だから私たちは、他者の表情、たとえば微笑みに示された幸福感、しかめ面に示された不機嫌さに適切に反応することができる。それらの情動を自ら感じることができて初めて、はっきりとそれを認識することができるのだ」と書かれている。

彼はさらに次のように主張する。「ミラーニューロンは、誰かが痛みを感じたり苦しんだりしているところを見たときに、当人の表情を読んで、その人の痛みや苦悩を直感的に自分でも感じられるようにしてくれる」。彼によれば、そのような瞬間は「共感の基盤」なのである。

UCLAでマルコと私が生き生きと会話した当時にあっては、これらの話は実にエキサイティングに感じられた。しかしその後、風向きがやや変わって、ミラーニューロンをめぐる主張のいくつかは旗色が悪くなり始めた。現在では、ミラーニューロンは他者の意図の予測を可能にするという見解に同意しない科学者や、人間におけるその存在を疑う科学者もいる。彼らによれば、他者の行動を見て次に何が起こるのかを見極めるのは、脳内の別のネットワークが受け持つ機能なのである。

私はこの件に関してとやかく言える立場にはないが、そんな現在の潮流に不満を感じているわけではない。なぜなら、科学の発展にはそのような側面があるからだ。誰かが未知の事象を発見し、そこから何らかの結論を引き出す。それに納得せず、論争を挑む科学者が現われる。とはいえいつまでも議論し続けているわけではなく、真実を見出すことを目指してさらに研究を続ける。このような科学の営為は一見すると敵対的に見えるが、実のところ自然の本質を理解するために、錯綜したコラボレーションを営んでいると見なすこともできる。誰もが間違っているという事実が判明し、それまで誰にも思いつかなかったメカニズムが新たに発見されるかもしれない。

いずれにせよ、共感が何によって引き起こされるのかを理解することには価値があるはずだ。ある科学者は私に、「共感を生成する何らかのシステムが脳に備わっていることに間違いはないでしょう。なぜなら私たちは共感するのですから」と語ってくれた。

共感は、ジェファーソンが〈心〉と呼ぶもののなかで何が起こっているのかを感じさせてくれるものだが、私たちは〈頭〉が何をしようとしているのか、他者が何を考えているのかにも気づく必要がある。

心の理論

「心の理論」という言葉を初めて耳にしたとき、私はその意味を把握するのに少し苦労した。それまでは、他人は誰も、自分とは異なる個人的な考えを持つものとあらゆる人が考えていると、無邪気にも想定していたからだ。ところが『サイエンティフィック・アメリカン・フロンティア』のあるエピソードで何人かの科学者と話をしたとき、乳幼児はそのようには考えないことを学んだ。私は五歳未満の子どもを対象に行なわれた数々の実験で、彼らが自分の知っていることを他の誰もが知っていると確信する様子を何度も見てきた。たとえば幼い子どもが、一人の女性が部屋に入ってきてテーブルの上にクッキーを置き、去っていくという漫画を見たときには、この子どもは、彼女が、自分がテーブルの上にクッキーを置き去りにしてきたことを知っていることをはっきりと理解している。しかし彼女が部屋にいないあいだに一人の男性が入ってきて、クッキーを戸棚に隠して出て行くところを見せられると、その女性が何を知っているかに関する理解を突然変える。つまりその子どもは、自分自身が知っていること、すなわちクッキーが戸棚に移されたことを彼女も知っていると思うようになるのだ。

女性が部屋に戻ってきたところで、「あの女の人は、どこにクッキーがあると思っている?」と尋ねると、その子どもは戸棚を指すだろう。つまり、戸棚にクッキーが隠されるところを見た子どもは、自分自身が知っていることをその女性は知らないということに思い当たらないのである。このように幼い子どもは、自分の心のなかで起こっていることと他者のそれが同じであるという以外、他者の心のなかで何が起こっているのかを示す理論を持たない。

これは子どもの発達における自然な過程の現われであり、実のところおよそ四歳から五歳にならなければ、子どもは人をだますことが可能であるとさえ思っていない。そもそも自分の考えを誰もが知っているのなら、欺瞞には何の意味もない!

しかしひとたび「心の理論」が発達すると、他者が自分にうそをついている可能性があることをはっきりと認識し始め、他者の内面を知ることは、ある意味で重要な関心事になる。かくして私たちは、生涯を通じて「心の理論」というツールに依存し続ける。相手が何を考えているかに顧慮することなく、中古車ディーラーに大金を払ったりはしない。「走行距離計のことで何か隠していないか?」「このセールスマン、何かたくらんでいないか?」「事故ったりしないだろうな?」などと普通は考えるものだ。

この種の状況では、他者の心のなかで何が起こっているのかを理解するために、リスニングに関する種々の手がかりが利用される。私たちは通常、表情、声音、ボディランゲージ、ふと口にした言葉など、あらゆる手がかりを利用しようとする。

即興のクラスでは、まさにこの、相手をよく観察し、ボディランゲージや声音を追い、相手の思考や感情を直感的に把握する能力を鍛錬する。

すると突然、私たちは他者の心を読んでいることに気づく。

第4章　ミラーエクササイズ

二人の若手科学者が面と向かって立ち、互いの目を凝視している。一人が非常にゆっくりと動き始めると、もう一人は、ただちに鏡になったかのように前者に合わせて動く。すぐに二人はゆっくりとしたダンスを演じ始め、互いに相手の、遅滞のない完璧な鏡像と化す。彼らは、即興ゲームを六週にわたり、週に一度三時間ほど行なうことでいかなる効果が得られるかを知りたかった。彼らは他者と関わり合う能力を向上させ、よりよいコミュニケーションが図れるようになるだろうか？　それが正しければ、効果はどれくらい持続するのか？

私は、ストーニーブルック校で行なわれた実験に参加した十数人の若手科学者のうちの二人である。

この鏡（ミラー）のエクササイズを実践するうち、彼らは、ほとんど何も考えなくとも相手が次に何をするのかを予測できるようになるほどにまで、入念に相手を観察するすべを学んでいく。

ミラーエクササイズのリーダーは、両腕を広げる、頭をかくなどといった単純な動作をする。パートナーはリーダーのごくわずかな動きをも見逃さないよう入念に観察し、次に何が起こるかを予測して、リーダーの動作を同時に自分でも実行しなければならない。二人の動きは、誰かがたまたま部屋に入ってきたら、どちらがリーダーでどちらが鏡なのかがわからないほど同期（シンクロ）していなければならない。

最初二人は、うまくシンクロできなかった。鏡を演じるパートナーの動きが遅れたのだ。鏡というより、リーダーの動きを一瞬遅れてビデオ再生しているかのようだった。だがそれは、リーダーがパートナーについていく機会を与えていないからだ。リーダーの動きは速すぎた。脇で見ていた私は彼らをコーチし、鏡を演じるパートナーがついていけるよう手助けするのがリーダーの務めであると説明した。こうして彼らは、「何かを伝えようとしている人は、相手がきちんとついていけるよう努めなければならない」という基本的な考えを学んだのである。

私が何かを説明し、あなたがそれについていけなければ、あなたがついていこうと努めるのではなく、私がペースを落とさなければならない。これは、コミュニケーションの基本中の基本である。あなたが理解していることを確認せずに私が話し続けるようなら、私はほんとうに何かを伝えようとしているのだろうか？ あなたに語りかけているのだろうか、それとも騒音を立てているだけなのか？ ミラーエクササイズでは、リーダーはパートナーについていけるよう配慮しているだろうか、それともただ腕を振っているだけなのか？

私がリーダーに、「パートナーがついていけるようペースを落としなさい」と指示してからしばらく経つと、二人の動きはうまくシンクロするようになった。

次の課題は、ややむずかしくなる。今度は鏡を演じていたパートナーがリーダーになるよう求められたのだ。

二人は最初こそ苦労していたが、数分後には交替した役割をうまくこなせるようになった。そこへたまたま誰かが入ってきても、どちらがリーダーでどちらが鏡なのかを見分けるのは困難だったはずだ。

次に私は、ミラーエクササイズにひねりを加え、ヴァイオラ・スポーリンが数十年前に「シアターゲーム」を考案して以来、即興の入門者を煙に巻いてきた指示を出した。どちらもリーダーにならずに、一緒に動きを見つけなければならないと言ったのだ。両人とも、リーダーかつ鏡でなければならなかった。この課題はただむずかしいだけでなく、不可能であるように思える。彼らは何とかして、一瞬でシンクロしなければならなかった。

二人はしばらく苦労していたが、ほどなくして誰もリーダーを努めていないにもかかわらず、ほんとうにシンクロすることができるようになり、自分たちでも驚いていた。そこには歓喜の笑いと驚き、さらにはショックを受けたような表情すら見られた。

二人は互いに相手の身体の動きを読み始め、相手の思考や感情を読むための手がかりを拾うことを学んでいった。あたかも「互いの心を読む」かのように。

それからさらに困難な課題へと進んでいった。

言葉をシンクロさせる

次に二人は向き合って椅子にすわり、動作ではなく言葉のミラーリングをするよう求められた。私は彼らの一人に、パートナーにありきたりのことを話すように言った。たとえば朝起きて最初にしたこと、最近見た映画のあらすじなどについて、その場で考えて話さなければならないのだ。課題は、いかなる準備もなしに、完璧にシンクロして二人が同時にまったく同じ言葉を発することである。

言うまでもなく、これは簡単ではない。最初はリーダーとパートナーのあいだに大幅な遅れが生じる。私は脇から、「同時に話しなさい。遅れてはいけません。鏡にならなければならないのです。鏡はあなたが何かをすれば、同時に同じことをするでしょう」と言いながらコーチし、ゆっくりと話して、ついていく機会をパートナーに与えるようリーダーを促す。顔にはまざまざとフラストレーションが浮かんでいたが、二人は相手の目、唇、身体に注意を集中し続け、相手が次に何を言うかを示す徴候を拾おうと注意深く耳を澄ませる。〔以下の会話は日本語で当意即妙を伝えるのが不可能なため原文のままとする〕

彼：This is really hard!〔教室に笑い声が響く〕
彼女：No...
両者：(......) ...kidding.
彼女：It makes the whole...
両者：...science...thing look really easy.〔さらに笑い声が響く〕

そして二人はシンクロした。

しかしミラーエクササイズのような単純なゲームが、日常生活におけるコミュニケーションの向上にどうして役立つのか？　いい質問だ。私たちの実験に参加した科学者のほとんどは冒険心に富むが、この点に関して「確かにこのゲームはおもしろいと思います。でも、それが実際に役立つのでしょうか？」と懐疑を表明する者もいた。

私は当初、この質問にうまく答えられなかった。懐疑家には、私たちは試行錯誤を繰り返すことで、それが日常生活にも役立つことを見出したのだと請け合っていた。私は、「この経験は、他者とつながれるよう、そして真に関わり合えるよう手助けしてくれる」と答えた。エクササイズを続け、他者のボディランゲージや声音によって示される手がかりを拾い、相手の心を読むことを学べば、よりすぐれたコミュニケーション能力を身につけられる。私はそれが実際に起こるのをこの目で見てきた。しかしその種の個別的な事例に基づく証拠は、疑うことを生業（なりわい）とする科学者にとっては十分に満足できるものではない。即興ゲームの有効性を示す確たる証拠が得られないものかと考えた私は、ストーニーブルック校のオンラインライブラリーカタログに登録されている論文を読み始め、やがて私たちが行なっているエクササイズに類似する振舞いに関する研究があることを知った。

行進とタッピング

スタンフォード大学のスコット・ウィルターマスとチップ・ハースは、軍隊で足並みをそろえた行進やかけ声の唱和が現在でも実践されている理由を知りたかった。敵に向かって足並みをそろえて突撃する戦法は、そもそも無謀であるという理由でとうの昔に廃れている。それにもかかわらず、なぜ訓練では、今でも足並みをそろえた行進が実践されているのだろうか？　それには何か利点があるのか？

彼らが見出した答えは「イエス」だ。それは結束力を強め、グループ内の協力関係を促進する。次のようにして彼らはその事実を発見した。

ある実験では、参加者をいくつかの小グループにまとめ、キャンパスを歩き回らせた。その際、あるグループは足並みをそろえて歩かせ、他のグループは比較対照群として普通に歩かせた。それが終わったあと、グループ内での互いの信頼度と協力関係の強さをテストするゲームをした。その結果、どちらの尺度に関しても足並みをそろえて歩いたグループのほうが高得点だった。

私はこの結論を読み直さなければならなかった。「足並みをそろえて歩くだけで、協力関係が強化され、結束力が高まるなどということがあり得るのか?」と思ったのだ。どうにも信じられなかった。しかし、グループの結束力を評価するのに用いられた尺度は標準化されたもので、その信頼性は何度も検証されていた。

別の実験では、リズムを合わせて机を叩くなどといった単純なタッピングによって、同じ結果が得られた。参加者はシンクロしたタッピングをしばらく続けたあと、グループに資するものごとにより大きな注意を払い、利己的な選択をあまりしなくなったのである。

ピエルカルロ・ヴァルデソロとデイヴィッド・デステノは、シンクロしたタッピングによって、参加者がパートナーに強い類似性を覚えるようになることを見出した。彼らの報告によれば、この類似性の感覚によって、被験者はパートナーに対してより強い思いやりを持つようになり、利他的に振舞うようになったのである。

とはいえ、ここは慎重さを保ち、これらの研究を（のみならず本書で紹介するいかなる研究をも）人間同士のコミュニケーションを理解するにあたっての最終的な結論とは見なさないようにしよう。思うに、ほとんどの研究は、ある種の洞察を示唆、もしくは指示するにすぎない。しかし確実に言えるのは、それらがさらなる研究の必要性を示唆することだ。とはいえ、私がこのとき読んだ研究は、私が即興セッションで何度も経験してきたことに光を当ててくれるように思われた。

たとえば、シンクロした行進やタッピングは、ミラーエクササイズと非常に似たところがある。しかも、それらの研究を行なった科学者は、即興クラスで観察されたものと同じ参加者同士のつながりを見出している。

私がかけ出しの役者だった頃に、ポール・シルズと六か月にわたってシアターゲームを行なっていたとき、それまでには一度も覚えたことのなかった仲間意識を感じたものだった。そして数十年の歳月が経過してから、この感覚が他のプレイヤーとの同期によって得られることを示唆する比較対照実験の結果を知ったのだ。

リーダーのいない同期

ストーニーブルック校の舞台で大学院生がリーダーのいない同期に挑戦していた頃、イスラエルの科学者チームが、そのようなことがほんとうに起こり得るのかどうかを検証する実験を行なっていた。

ワイツマン研究所のウーリ・アロン、リオール・ノイ、エレズ・デケルらは、被験者がどれほどうまくミラーリングし合えるのかをテストする方法を考案した。

科学者のウーリは、自分の研究のほかに、若手科学者のためのワークショップを運営している。このワークショップは、ポスドク生としての役割を終えて自分の研究室を立ち上げ、グループリーダーになろうとしている、人生の大きな転換期に差し掛かった若手科学者を対象にしている。彼の言葉によれば、「彼らは、自分の人生のなかでも、もっともパニックに陥りやすい時期に差し掛かっています。それまでまったく訓練を受けてこなかったことをしなければならないのです。そのせいでコミュニケーションの面で数々の基礎的な過ちを犯します」

若手科学者は、自分が命令を下すボスであることにとまどいを感じやすい。どうやって人に指示を出せばいいのか、あるいは人の話にいかに耳を傾ければよいのかがわからないのである。

ウーリは舞台の経験を持ち、即興を教えていた。シアターゲームは科学者たちが自分のチームのメンバーに心を開かせ、メンバー同士でつながれるよう導いてくれる。そう彼は確信している。しかし同僚の科学者にリーダーのいないミラーリングを行なわせたとき、彼の試みは暗礁に乗り上げてしまう。

リーダーのいないミラーリングは、もう何年も前にヴァイオラ・スポーリンがシアターゲームを考案して以来、役者のあいだで実践されてきたが、科学者はそれをまったく知らなかったし、知っていたとしてもそんなことが可能だとは思っていなかった。彼らは、つねに誰かが導いていなければならないと考えていた。また、たとえリーダーがいないように見えたにせよ、外からはわからなくても実際には交互に導き合っているはずだと考えていたのである。

好奇心に駆られたウーリは、ミラーリングを実践することで、二人の参加者が、リーダーなしに互いの動きを瞬時に予期できるほど、心的に緊密になれるような何かがほんとうに起こるのかどうかを検証する実験を考案する。

この実験では、互いに向かい合った二人の被験者に、（測定が困難なため）身体を動かすのではなく、溝に沿ってハンドルを動かすよう求めた。一人がハンドルを前方、もしくは後方に動かしたら、相手は自分のハンドルを同時に同じ方向に動かして前者の模倣をしなければならない。動きはグラフに記録され、ミラーリングの遅れをミリ秒単位で計測することができた。

　その結果、被験者のハンドルの動かし方にはっきりとしたパターンがあり、とりわけ即興の経験を積んだ被験者のあいだでは、並外れたパターンが見られることがわかった。彼らによるミラーリングは、一人がリーダーになってもう一人が従った場合に比べ、リーダーのいない純粋な即興を行なった場合のほうが、より強くかつ迅速な同期を示したのだ。

　かくして私は、即興の核心に存在するもの、そしてなぜそれがかくも強いグループ経験を生むのかをおぼろげながら理解できるようになった。しばらくのあいだ即興を実践したことがある者は誰でも、同期が人と人を結びつけると感じている。

第5章　観察ゲーム

シンクロは鋭敏な観察力なくしては生じ得ない。だからこそ即興のトレーニングはたいてい、相手のごくわずかな動きを察知して、それに呼応できるよう鍛錬するゲームやエクササイズから始まるのだ。たとえば参加者は、空間がモノからできているかのごとく想像し、その周囲を歩き回ったり何もない空間から彫像を作り上げたりするゲームにひとたび慣れたら、全員で輪になって立ち、誰か（ここでは彼女とする）が手でオブジェクトを表現し、隣の参加者（彼とする）に手渡す。彼は、彼女がそのオブジェクトをどのように扱っているのかをよく観察し、それが何のオブジェクトなのかを判別しなければならない。彼女は、たとえばゴルフクラブと卵泡立て器を異なる方法で示さなければならないが、それらの違いは、彼女の動作を見て判別するしかない。オブジェクトを彼女から受け取った彼は、大きさや重さなど、自分が「ゴルフクラブならゴルフクラブとして」特定したものについて知っていることを表現しながらそれを扱わなければならない。オブジェクトは、目には見えないものであるがゆえ、参加者間の共通の同意によってのみ存在する。かくして、実際には眼前にないものを誰もが突然見始めるのである。私たちがほんとうに注意を払い合っていれば、民主主義はそのようなものになるのだろう。

そのことは、架空のボールを投げ合うゲームにも見て取ることができる。誰かが投げた架空のボールを、投げたときと同じ勢い、ボールの大きさ、重さに応じて受け手がキャッチするところを見れば、ボールが行き来するのを実際に見ることができるのだ。

実際には存在しないネットをはさんで、それぞれ五人のメンバーから成るチームがバレーボールをしているところを見ている人たちの顔に、驚きの表情が浮かぶのを見たことがある。彼らは、存在しないボールを打ったり打ち返したりしながら得点を競い合い、どちらのチームがいつ得点したかを絶対的に確信していた。というのも、瞬間々々において架空のボールがどこを飛んでいるのかを正確に把握していたからだ。

また、対峙する二つのチームが架空の綱引きをする様子を見たときにも、この驚嘆を感じることができた。

一方のチームが綱を引いた瞬間、他方のチームは綱がどの程度の勢いで引かれ、それに対してどのくらいの力で引き返せばよいのかを正確に知らなければならない。とりわけ、両チームのあいだの綱の長さが、つねに一定になるよう留意する必要がある。綱が、突然ゴムのように伸びたり縮んだりしてはならないのだ。したがって参加者は、「わがチームの他のメンバーは、相手チームの勢いに対抗してどれくらいの力で綱を引いているのか？」などと考え、相手チームのみならず味方のメンバーの身体が示すほんのわずかな動きにも注意を向けなければならない。このように、各メンバーは複雑な力のせめぎ合いのなかで自己が占める位置をつねに感じ取っていなければならないのである。そこに自分の力をつけ加えなければならないのだが、一人だけで勝負の帰趨(きすう)を決めることはできない。そこでは、大勢のメンバーから成るグループが些細な変化に反応しなければならず、しかもそこにリーダーはいない。

その様子は次のようなものになる。最初は左側を占めるチームが綱を強く引き、右側のチームが左に引き寄せられる。次に右側のチームのメンバーは、かかとで地面を掘るようにしてその力に対抗する。しばらくすると、流れが変わり、右側のチームが左側のチームを自分たちのほうへと引き寄せ始める。かくして参加者全員が、ぴんと張られたロープを引き合い、最後にどちらかのチームがそれ以上耐えられなくなって、次々にメンバーが床に倒れていった。

すると、そこに綱はもはや存在しなかった。各チームのメンバーが、互いの動きを観察し合って両チームが綱を引くダイナミクスを受け入れているからこそ、架空の綱引きがリアルなものと化したのである。そして一方のチームのメンバーが綱から手を離して笑いながら床に倒れ込んだその瞬間、綱は消えたのだ。

たわごと

このような観察ゲームは、もっと複雑なゲームを行なうための準備として行なわれる。より複雑なゲームでは、何かを伝えるために言葉が用いられるが、必ずしも英語の語彙で表現するわけではない。私たちが運営するワークショップの一つで、このゲームをしている最中に誰かがたまたま部屋に入ってきたら、奇妙な光景を目にして驚くに違いない。

一例をあげよう。一人の参加者がクラスの他の参加者に何かを売りつけようとしている。クラスの参加者は、その商品が何であるかを一生懸命に考えて推測しなければならない。一生懸命に考えなければならないのは、売り込みの口上が、言語であるかのごとく響いても、まったく無意味なたわごとだからだ。

無意味な音声をひねり出すのには、しばらく時間がかかる。最初は、無意味な音声を発することに脅威を感じる者もいる。というのも、一つの考えを表明しようとしているときに、故意に歪曲した音声を発するのは、いかにも奇妙に感じられるからである。奇怪な音声によってではなく、母国語の意味ある言葉で表現したいと思うのが普通であろう。ところがこのゲームでは、誰かに何かを売ろうとしているのに、それを買うべき理由を、言葉ではなく、ボディランゲージ、態度、情動表現を通じて買い手に示さなければならないのだ。

そのような状況に置かれると、売り手はすぐに身体全体を使い始め、その瞬間、言葉を撒き散らすのではなく、表現しようとする自己のすべてを動員することで人々とふれあえる喜びを体験し始める。そしてしばらくすると、買い手は、売り手が売ろうとしているものを実際に見て、買う次第になる。

この関係は何?

別のあるゲームは、参加者の一人（彼とする）が椅子にすわって何かを待っているところから始まる。しばらくすると別の参加者（彼女とする）が部屋に入ってきて、彼に何かを説明し始める。彼女がどんな態度で関わり合おうとしているのかを観察する以外にはいかなる手がかりもなしに、彼は、二人のあいだにいかなる情動的な関係が想定されているのかを判別しなければならない。「私は彼女が愛する弟なのだろうか？　それとも厳格な父親なのか？　あるいは威張り屋のボスなのか？」などと推測しながら。たとえば彼女が科学者なら、自分の研究について説明してもよいし、あるいはそれとはまったく関係なく、最近見た映画のあらすじを語っても構わない。つまり話の内容は、このゲームでは考慮の対象にならない。彼女の役割は、二人の関係を、話の内容ではなく、態度や彼との関わり合うそのあり方によって伝えることなのだ。

このゲームは、ヴァイオラ・スポーリンが考案した「私は誰？（Who Am I?）」と呼ばれる興味深いゲームのバリエーションである。このバリエーションでは、科学者であれば、自分の業績について話そうとするのが普通だろう。ただし、スポーリンのゲームと同様、声音、ボディランゲージ、言い回しなどによって、自分（彼女とする）との関係において相手（彼とする）がいかなる人物であると想定されているのかが彼にわかるよう努めなければならない。かくして彼女は、彼を自分のボスと想定するか、それとも子どもと想定するかによって、言葉や声音を変える必要がある。だからたとえば、彼が自分の九歳の弟であることを知らせたければ、彼女は、数分間科学の専門用語をまくしたてるあいだに、何とかそれを伝えるのに苦心しなければならない。しかも、「私たちのおかあさん」などと口にしたり、「学校はどうだった？」などと尋ねたりしてヒントを与えることは禁じられている。

会話が始まると彼女は、自らの研究について説明するいつもの話し方では、相手を誰と想定しているのかを伝えられないのではないかと思い始める。そこから彼女が学ぶことの一つは、同じ考えを伝えるにも、相手に応じてさまざまな表現方法があるということである。この経験は、たとえばいつの日か、彼女が議員を相手にしたときに、ある表現方法では自分の業績を説明しきれず、別の表現方法に切り替えねばならなくなった場合に役立つはずだ。

さらに重要なことに、彼女は、コミュニケーションには言葉を使わずになされるものも多いということを学ぶだろう。彼女は彼に自分の研究について語りながらも、実際に伝えようとしているのは、彼が彼女の弟であるという二人の関係についてであり、それに対し彼は、言葉によるヒントでなく、彼女が彼に関わり合おうとするそのあり方から正しい手がかりをつかむまで暗中模索するしかないのである。こうして、彼は彼女の振舞いを読むことを、また彼女は自分の振舞いを通じて自己を表現するすべを学んでいく。

そんなことは、役者でなければなし得ないように思えるかもしれない。しかし私は、目の前にいる相手にただ注意を集中するだけで、人がいかに明快に自分を表現できるようになるかを知って驚いたことがこれまでにたびたびあった。

私はかつて、病理学を専攻する教授マーサ・フューリー博士が部屋にいきなり入ってきて、別の女性とつっけんどんに言い争いを始めるのを見たことがある。フューリー博士がライム病に関する自分の研究について話し始めると、部屋に居合わせた誰もが、彼女の怒りの表情と冷淡な声から、何か大きな問題が生じていることを察知した。その印象は正しかった。というのも私がマーサに課題として与えた架空の関係は、対面する相手が彼女の夫と情事を重ねている今は疎遠になった姉というものだったからである。これはまさに一触即発の関係だ。しかし、彼女がそれまで受けてきたトレーニングや実践してきたゲームは、その種の奇怪な架空の状況に身を委ねることを可能にしていた。しかも彼女は、その日たまたま『ニューヨーク・タイムズ』紙の記者がやって来て、セッションの様子を取材していることを知っていたにもかかわらず。フューリー博士はセッションが終わってからこの記者に、「とても信じられません。ほんとうの私は、あの私とは違います。どうしてあんなことができたのか今ではよくわかりません」と語っている。

即興トレーニングではこのたぐいのことがよく起こる。参加者は、それまでまったく想像していなかったようなあり方で心を開くのだ。

それはベテランの役者にしても同じである。

私はかつて、著名な役者カップル、アルフレッド・ラントとリン・フォンタンの住居であった建物を利用したウィスコンシン州の記念館テン・チムニーズで、俳優養成クラスを運営するよう依頼されたことがある。その頃の私はすでに、科学者を相手にするのに多大な時間を費やしていて、役者に即興を教えるのは久しぶりだった。だから、再び彼らと一緒になれるのを非常に楽しみにしていた。

だが彼らの方は、私ほど熱心ではなかったのかもしれない。全員、二〇年から三〇年にわたり舞台経験を積んでいたが、まるまる一週間かけて即興トレーニングをすると聞くと、少しばかり躊躇し、なかには今にもパニックを起こしそうな人もいた。ある才能あふれる女優がのちに語ってくれたところでは、即興などどうしてもやりたくなかったので、心臓麻痺を起こしたフリをしようと考えていたのだそうだ。

そのことは、言われるまで私には知るよしもなかった。というのも、ある即興セッションを行なっているあいだに、彼女は驚くべき飛躍を達成したからである。架空の状況は、フューリー博士も体験したように、危険な刺激に満ちたものなのだ。

トレーニングに参加した役者たちは、フリードリヒ・デュレンマットの戯曲『老貴婦人の訪問』のある場面を読んでいた。彼女が演じたのは、村に帰って、若かりし頃の自分を妊娠させて捨てた男と対決する老婦人の役であった。その場面では、積もり積もった無言の憎悪を表現することが求められた。読み合わせでは、二人の役者はおのおのの役柄に没頭し説得力があった。しかし即興では、役柄をさらに深く掘り下げられるかどうかが問われる。この場面を引き起こすもとになった、若かりし頃の二人が体験したあの瞬間、すなわち三〇年から四〇年前に彼が彼女を捨てた森のなかのあの場所に戻ることができるだろうか？　実を言えばそんな場面は原作にはないのだが、私は二人に、彼が自分を見捨てようとしていることを悟った彼女が、彼に結婚を懇願する場面を即興で演じるよう求めた。

二人は最初、いきなり即興を求められればたいてい誰もがするように、向かい合ってなんとか会話を続けようとしていた。この状況に陥ると、口をついて出てくる言葉は作られたものになり、不自然な響きを帯びる。なぜなら、会話を作ろうとすると、次に何を言うべきかを考えねばならず、相手に注意を集中することが難しくなりうまく呼応できなくなるからだ。そのような事態を避けるために、彼らの注意を、自分の頭の内部ではなく外部に向けさせる必要があった。だから脇からコーチしていた私は、森の中のあの場所で起こったできごとを想像するよう求めたのだ。

数秒以内に、彼らの注意の焦点は、自分自身ではなく森の中のあの場所と相手に置かれるようになった。彼らは、突然雨が降り出したことに気づく。彼女は嘆願するように「私と結婚したくないの？」と尋ねる。すると彼は、彼女の鼻を流れ落ちる雨滴をぬぐい、雨滴に気をとられたことをおかしく感じたかのように笑う。そしてその笑いが、彼女を絶望のどん底へと突き落とす。彼女の顔には、真の苦悩が見て取れた。

即興が終わってから、原作に書かれている場面をもう一度読んだ。最初に読んだときもうまかったが、今回はそれが驚くべきものになった。彼女の声は毒を含み、憎悪は最初に読み合わせたときより深かった。今や彼女は、その場面の知的な理解を通して表現しているのではなかった。過去の衝撃的なできごとを実際に経験し、それが彼女の表現を変えたのだ。彼女自身、即興によってかくも自分が変わったことに驚いていた。彼女は次のように言う。「いずれあのような演技はできていたことでしょう。でもこんなにすぐ変わるとは思ってもみませんでした。たった一〇分でこんなに変わるとは！」

ストーニーブルック校では、俳優ではないフューリー博士がこの女優に勝るとも劣らない経験をしていた。フューリー博士の事例では、少なくとも通常の意味での演技は関係なく、彼女の即興にフリ、つまり特別な振舞いをしようとする意図はなかった。私たちは、相手に焦点を絞り、相手の振舞いに呼応する能力を高めることで、今のこの瞬間に没入し、親密なふれあいを持てるようになるのである。それはあたかも、内なる自己という未熟で脆弱な組織が、同様に脆弱な他者の自己とふれあっているようなものなのだ。

こうして私たちは、相手が何を感じているのかを感じられるようになり、さらには自分自身が感じていることに対してもより高度な気づきが得られるようになる。

これこそまさに、一般に共感と呼ばれているものである。

こうして私は、コミュニケーションの基盤には、このような他者との結びつきが横たわっていると考えるようになった。他者に波長を合わせる能力の効果の絶大さには、驚きを禁じえない。

第6章　明瞭に、そして生き生きと

ある日の朝食の席で、カブリ財団のボブ・コーンは私にすわるようすすめながら次のように言った。「大学院生だけを相手にしていても仕方がないですよね。これから数年間、彼らには一般の人々とコミュニケーションを図る機会などないのが普通ですから。今やわれわれはサイエンスコミュニケーションの危機を迎えています。年長の科学者を何とかしなくては」。彼の主張は正しかった。

カブリ財団は、私たちが運営している国内のいくつかのワークショップに資金を提供している。このアドバイスは、私たちがコーネル大学のカブリ・ナノ科学研究所を訪問し、すでに一般の人々との接点があった年長の科学者を初めて相手にしたときに役立った。デイヴィッド・ミュラーはそのうちの一人だ。

デイヴィッドは最近、ナノ科学で革新的な成果をあげていた。そして私たちが研究所にいるあいだに、彼はコミュニケーションにおいてもブレークした。

それより数か月前、デイヴィッドと一人の大学院生は、分子一個分の厚さしかない世界一薄いガラスを作り出した。

彼らは、ガラスの構造を理解する新たな方法を考案して並外れた業績をなし遂げ、その結果をいくつかの科学雑誌に発表した。

しかし私たちのワークショップでは、ミュラーはガラスについて語る新たな方法を発見したのだ。のちに私宛に送られてきたEメイルには次のように書かれていた。「ワークショップに参加したことで、効果的なストーリーを考え出せるようになりました。それに加え、人々に感銘を与えたり与えられなかったりする理由を理解できるようになりました」

それはおそらく、科学者の話に実際に感銘したりしなかったりする聴衆を、私たちがわざわざ連れてきたからであろう。知的好奇心の強い一般人三名を教室に招待したのだ。デイヴィッドらナノ科学者たちは、彼らを対象に二次元ガラスの何たるかをわかりやすい言葉で説明しなければならなかった。のみならず、その前にそれについて知りたいと思わせなければならなかった。

デイヴィッドはあとで、次のように私に語ってくれた。「これは論文の概要を論じていたときにあなたが言ったことでしたが、確か〈ちょっと待ってくれ。それは科学論文としては非常に奇妙に思える。それについてもっと詳しく話してくれないか〉と言ったように覚えています」

つまりこういうことだ。デイヴィッドと大学院生は、偶然に例のガラスに関する発見をしたとのことだった。その言葉が私の耳をとらえ、他の聴衆もその点に関心があるのではないかと思った。二人がグラフェン〔原子一個分の厚さで炭素原子が結合したシート〕の薄い層の研究をしていたとき、空気の漏洩によって生み出された「汚れ」と見られる物質が、実はガラスであることが判明したのだそうだ。デイヴィッドは、偶然の発見という人間的な瞬間を物語ることで話を始めることもできたと悟ったのである。

彼は言う。「あなたの指摘によって、聴衆が何を期待しているのか、そして何が話の出発点としてふさわしいのかが理解できるようになりました。この発見の偶然性を強調することで、私たちの話は、聴衆にとって親密に感じられるものになったようです。だから、予想していた以上に広く取り上げられたのだろうと思います。いつもどおりに話していたら、その点を強調したりはしなかったはずです。でも背景を語ることで、聴衆はより強い関心を示すようになりました」

今やデイヴィッドは、偶然という人間的な要素を語ることができるようになったばかりでなく、別のものも手にしていた。世界一薄いガラスを発明してから私たちのワークショップに参加するまでのあいだに、彼の研究室は世界初の二次元ガラスの発明者としてギネスに登録されていた。だからそこに自分のストーリーを結びつければ、聴衆によりいっそうの関心を持たせることができるようになっていたのだ。

かくして何が一般の人々の関心を引くのかを理解したデイヴィッドは、それを念頭に世界一薄いガラスについて尋ねるインタビューに答え、彼が語るストーリーはウェブや英米のさまざまな新聞で取り上げられた。その頃には、彼は科学者としての自分の興味という観点からだけでなく、一般の視聴者がおもしろいと感じられるようなあり方で自分の発見を語ることができるようになっていたのである。

さらには彼のストーリーをメディアで知ったいくつかのベンチャー企業が彼にコンタクトをとり、彼が発見したガラスの商業化に興味があるかどうかを訊いてきた。そのような申し出を受けるには時期尚早であったが、私にとって、デイヴィッド・ミュラーのストーリーは、コミュニケーションの巧拙によって、自分の業績が二、三の専門誌に掲載されるだけで終わるのか、一般にも広く知られるようになるのかの違いが生じることを示す格好の例になった。

こうしてデイヴィッドは、ストーリーを語っているときに、聴衆の心のなかで何が生じているのかを知る能力を高め、効果的に動員できるようになったのである。ミラーエクササイズで、パートナーがうまくついてこられるようリーダーが配慮しなければならないのと同様、彼は聴衆が自分の話にうまくついてこられるよう配慮するようになっていた。ところが驚くべきことに、私たちは、デイヴィッドに成功をもたらした、そしてたいていの人が生まれつき持っているはずの共感や「心の理論」を最大限に動員していない。

正しく心を読むことは、もっとも強力なツールとして利用できるにもかかわらず、単に理解されていないことがあまりにも多いのだ。

第7章　心を読む——ヘレン・リースとマット・ラーナー

　ある女友だちが、足に痛みを覚えて医師に診てもらったときのことを話してくれた。この医師は親切で思いやりがあり、彼女が自覚症状について話したところ、頭を抱え込みながら悲痛な響きを帯びた声で、「何ということだ(オーマイゴッド)。どうやら、足底筋膜炎（plantar fasciitis）のようだ！」と言ったのだそうだ。彼の声音があまりにも痛ましかったので、彼女は、治療さえすれば消える足の痛みを抱えているのではなく、不治の病にかかったのではないかと思ったほどだった。確かに彼は共感にあふれていた。だが、彼女の感じている痛みを彼自身も強く感じて圧倒されてしまったために、彼女を置き去りにしてしまったのだ。つまりこのケースでは、共感は役に立たなかったのである。

　たいていの人は、他者の立場に身を置いて、その人がどう感じているかを理解する能力として共感をとらえている。しかし、先の例ではなぜ、医師の共感が患者を脅かす結果になってしまったのか？　その理由を知りたかった私は、共感についてもっと詳しく教えてくれる人を探し始めた。そしてオンラインで見つけたあるＴＥＤトークで、まさにそれにふさわしい人物を見つけた。

ヘレン・リース、医師と患者のあいだの共感

私たちは、わが家のダイニングルームで、木の実を食べながらお茶を飲んでいた。ヘレン・リースは、わが家に立ち寄って、ボストンのマサチューセッツ総合病院で行なっている自分の仕事について語ってくれることになっていたのだ。ちなみにヘレンは、医師の患者との接し方を革新するのに貢献した精神科医である。私が、初めは共感という概念全般を少し疑っていたと言うと、彼女は驚いた表情をしていた。そして「なぜ私が、共感を教えることにそれほどの熱意を持っているのかについてお話ししましょう」と言った。

ヘレンは、患者にセラピーを行なっている医師を調査する研究に参加するよう求められた。この研究は、彼女が指導していた学生の一人が、医師と患者がほんとうにシンクロしているのかどうかを調査しようとして思いついたものであった。それを確かめるために、セラピーセッションを行なっている最中の医師と患者の様子がビデオに収められた。それに加え、医師も患者も、緊張を覚えると(ヘレンの言い方では自律神経系が興奮すると)皮膚から滲み出る微量の汗を計測する皮膚コンダクタンス計測装置につながれた。これはうそ発見器に用いられている技術と同じものだが、うそ発見器がそれほどうまくうそを検知できないのに対し、こちらはヘレンらが研究対象にしている情動の変化をとらえる手段として有用であった。

最初ヘレンは、患者と一緒に装置につながれることを躊躇したが、しぶしぶ受け入れると、その決心は「これからの人生を決定づけるものであったことがわかった」のだそうだ。

患者は若い女子大生で減量に苦しんでいた。彼女とヘレンは皮膚コンダクタンス計測装置につながれ、二人のセラピーセッションがビデオ撮影された。ヘレンによれば、「その日の午後遅くなってから、学生が電話をかけてきて、〈結果を見に来てください〉と言ったのです。彼女のところへ行って記録を見ると、ほんとうにびっくりしました。自信満々に見えるこの女性は、実は大きな不安を抱えていたのです」

ヘレンの認識では、女子大生と彼女はおおむねシンクロしていたはずだったのだが、記録はそれとは違う徴候を示していた。ヘレンの記録の上がり下がりがなめらかであったのに対し、女子大生の記録には一連の急激な乱高下が見られた。かくしてヘレンは、向かい合ってすわっていた女子大生が経験している情動を読めなかったことを明瞭に示すいくつかのパターンを記録のなかに見出すことができた。実のところヘレンは、患者の内面の様相をわかっていなかったのだ。「この結果に私はまったく驚きません。こんな状態で毎日生きているんです。記録を女子大生に見せたところ、「これた人は誰もいません」という返事が戻ってきたのだそうだ。それに心を動かされたヘレンは、セラピーセッションを撮影したビデオをもっと丹念に調査してみた。

情動の生起を示す記録の乱高下を調べてみると、女子大生は、ヘレンの言葉を借りると「小さなもれ」を何度も経験していた。「小さなもれ」とは、必ずしも表情には出ない情動のもれを意味する。ヘレンによれば「彼女は巧みにそれを隠していました」。そこでヘレンは、情動の生起を示す身体的な徴候を見つけようと、ビデオを見て何らかの不随意運動が見られないかどうかを確認した。彼女は言う。「記録に乱高下が見られた瞬間に、彼女が何をしているのかをチェックしてみました。そして髪の毛をうしろにやる、突然笑い出すなどといった小さな徴候を見つけたのです。情動探偵になったような気がしました」

今やヘレンは、以前は気づいていなかった事象に気づくようになった。彼女によれば、「記録を見るまでは、彼女の心のなかでこれほど多くのことが生じているとは思ってもいませんでした。私たちは面と向かってセラピーをしていたのに。しかも私は、彼女の内面を理解していると思っていました。彼女は非常に落ち着いて見えました。でも実のところ、彼女の内面は壊れていたのです」

ヘレンのストーリーを聞いているうち、私は医師と患者のあいだに見られるこの種の情動のギャップを調査した研究者が、それまで誰もいなかったことに驚きを禁じ得なかった。それを可能にする技術はかなり前からあったにもかかわらず。彼女はそれに関して、もう一つ別の要素が決定的な役割を果たしたことを次のように説明してくれた。「一九六〇年代にも、情動を測定しようと考えた研究者はいました。しかし彼らは、患者の情動を測定していたのです」。つまり医師の情動も同時に測定し、患者の記録と並行して追うという考えは非常に新しく、それが決定的な役割を果たしたのだ。そしてその方法は、自分で試してみたときに、ヘレンに絶大な影響を及ぼしたのである。

かくして患者の感情に気づく能力を高めることができたヘレンは、以前とは異なるあり方で患者に応対できるようになった。彼女いわく、「患者が示すさまざまな徴候に注意を払い、それに反応できるようになると、私たちの仕事ははるかに深みを増しました」。やがてヘレンは、女子大生の減量の問題に対処することができた。彼女は言う。「私の患者は、情動の重荷を下ろしたのです。そして生まれて初めて運動をするようになりました。これまで体重が増えるばかりで減ったことのない彼女が、五〇ポンド〔およそ二三キログラム〕近く減量することができたのです」。これはこの女子大生にとって大きな進歩だが、ヘレンにとっても大きな革新であった。「私は、この経験を通して、周到な注意力を持つことで、共感力を高められることを学んだのです」と、彼女は語る。

そしてこの経験は、いかに患者に共感すればよいかを他の医師に教える試みへと、ヘレンを導いていったのである。

情動に圧倒される――「情動の底なし沼」

私は、共感の持ついくつかの落とし穴を回避する方法を、医師たちにどうやって指導しているのかに興味があった。たとえば、私の女友だちの足底筋膜炎にあまりにも強くとらわれたくだんの医師は、間違いなく共感力の高い人物であるはずなのに、彼女に脅威を感じさせてしまったのである。この医師は、彼女が感じたことを感じていた。そのために、一時的にその感覚に圧倒されてしまったのだ。ヘレンは、それを避けるために医師に何を教えているのだろうか?

この問いに対する彼女の答えは次のようなものだった。「私はまず、人間の脳が他者の心を読むよう配線されているという考えを紹介します。つまり患者の皮膚の下に入り込むことができることを」。彼女は一瞬たじろいだあと、「それから、その感覚から外に戻ってこなければならないということを教えます」と言った。彼女の主張では、自己の情動反応を統制して、彼女の言う「情動の底なし沼（affective quicksand）」にはまらないように医師を指導することができる。

これこそまさに、私の女友だちの担当医師が、彼女の足の痛みを想像してはまり（彼自身もその痛みを経験したことがあった）、あたかもその痛みが、たった今自分自身に生じているかのように反応してしまう原因になった底なし沼なのだ。彼は自分の情動を統制することができず、その結果共感に圧倒されてしまったのである。

ヘレンは、患者と一緒に装置につながれた経験を通して、「共感は（底なし沼にはまらなければ）、セラピーセッションにおける患者との適切なつながりの確立に至る第一歩になる」という考えを抱くようになった。そのつながりは、聴衆に明快な言葉で語りかける際にも必要になるのだと、私は思う。それどころか、コミュニケーション全般において中心的な役割を果たしているようにさえ思われる。

マット・ラーナー――認知的共感力、情動的共感力そして自閉スペクトラム症

他者の心を読む能力が極端に低い人々がいる。自閉スペクトラム症を抱えるおとなや子どもである。さまざまな論文に目を通しているうちに、自閉スペクトラム症の子どもを数年間研究し、注目に値する結果を残している研究者がいるのを知った。しかも彼は、即興ゲームを導入してその成果を達成していた。彼に会わない手はなかった。

厳しい冬が過ぎたあとだけに安堵を感じさせる、ある暖かい春の日に、私はストーニーブルック校のマット・ラーナーの研究室を訪ねた。だが研究室の椅子にすわったとき、「いいお天気ですね」などという気ままなあいさつはなく、その代わりコミュニケーションに関する熱い会話がいきなり始まった。

私が共感と「心の理論」がコミュニケーションの基盤であると考えるようになったいきさつを話すと、彼は「そのとおりです。認知的共感と情動的共感。(……)ところで、たった今私たちが行使しているのもそれらの能力なのです。話しながら、うなずいたり笑ったりしているのがそれです」と言った。

彼は、すぐれた共感力を持つにもかかわらず、「心の理論」のより複雑で微妙な側面に問題を抱える、自閉スペクトラム症の子どもを対象に数々の研究をしてきた。

彼によれば、「そのような子どもたちは、この基本的な能力がいかにひどくかく乱され得るかを示す一つの実例になります。でも、この原則はすべての人々にあてはまるんです」

私は次に、自閉スペクトラム症の子どもを研究するようになったいきさつを訊いてみた。すると彼は、この研究に自分の一生を捧げるきっかけになった、一二歳の頃のある日のできごとについて語ってくれた。

その日、マットと彼の妹は友人の家を訪ねた。マットは、別の部屋で乳児が床にすわってひとりで遊んでいるのに気づいた。この子どもの母親は、マットが彼に関心を持ったのを見て取って、ベンという名のこの二歳の息子が、自閉症に関係する問題を抱えていることを説明してくれた。興味を覚えたマットは、ベンと遊んでも構わないかと尋ねた。すると彼女は、遊んでも構わないが、すぐに飽きるだろうと答えた。事実、マットがベンのすぐそばにすわっても、ベンがマットのほうを見上げることはなく、彼の存在を認めていないかのような様子をしていた。

「そうか。どうやらこの子は、ぼくの世界に入って来られないようだ。では、彼の世界では何が起こっているのだろう」。そうマットは思ったのだそうだ。ベンは、おもちゃの車を行ったり来たりさせて遊んでいた。マットは彼の動作を真似してみることにした。

マットは、「この車を行ったり来たりさせて、きみと同じことをしよう」と声に出して言った。彼はベンがそれに気づいたことがわかったが、依然としてベンはマットにほとんど注意を向けていなかった。ベンのした動作にわざと少し変化を加えて彼がそれに気づくかどうかを試してみるまでは。彼は変化に気づいたのだ。これが、マットとベンがわずかでもつながりを持った最初の瞬間であった。

マットは、ベンを追いかけたり、ときに自分に注意を向けさせるために少し変化を加えて彼の動作を真似たりしながら彼と二時間ほど過ごした。マットが帰るときには、ベンは彼のほうを見上げて「マシュー」と言った。

少なくともベンの母親はそのように覚えている。マット自身は、別れのシーンがそれほどドラマチックであったかどうかは覚えていないらしい。だがその日、意思を疎通し合う何かが二人のあいだで起こったことに間違いはない。

マットは、高校、さらには大学に通うようになってもベンと遊び続け、彼が社会でうまくやっていけるよう支援する方法を模索していた。幼少期のベンは、ごく基本的なことも含め、社会的なスキルに問題を抱えていた。たとえば、友だちに「やあ（ハロー）」と言われても、会話を始めることができなかった。「ハロー」という言葉で始まる本をまる暗記していた彼に「ハロー」と話しかけると、「ハロー、ミッキー。ドナルドだよ。覚えているかい？　また会えてうれしいよ」などと答え、さえぎらなければ、まる一冊暗唱し続けたのだ。

マットが大学に入学した頃、ベンは社会で出会う状況に対処する方法を教えるクラスに通っていたが、そこで教えられたのは型どおりの反応を暗記することであった。だが、一連のあらかじめ決められた方法で反応していれば済むほど、世界は予測可能な場所ではないと認識していたマットは、ベンが受けていたセッションのバリエーションを考案することにした。火星でアイスクリームを注文するなどといった現実にはあり得ないシナリオをわざと導入してベンに揺さぶりをかけ、日常生活の予測不可能性に対処する心構えを築かせようとしたのである。

大学を卒業したマットは、サマーキャンプの指導員の職を手にし、自閉スペクトラム症を抱えるティーンエイジャーに社会的なスキルを教えるようになる。しかしそこでも、日常生活の予測不可能性に対処する心構えを身につけられるとは到底思えない方法で彼らを教えるよう求められた。「人に会ったときには、相手の目をしっかりと見なさい。ただし相手を怖がらせるほど、長く見てはなりません」などといった項目が含まれる一冊のマニュアルに沿って教えるよう言われたのである。子どもはそのような指導を非常に嫌った。

マットは言う。「彼らはあまり熱心ではなかったと言わざるを得ません。自閉スペクトラム症を抱えていようがいまいが、ただすわって〈あなたたちはこのように振舞うべきです〉などという話を聞いていたいティーンエイジャーがいると思いますか？　彼らは私にものを投げつけてきました。ほんとうに頭にきていたのです」

当時マットは二人の俳優の友人と部屋をともにしていた。ある日、夜遅くなるまでワインを飲みながら歓談していたとき、二人に自分が袋小路につきあたったことを打ち明けた。マットの記憶では、「すぐに話題は即興とその目的に変わりました。アイコンタクトをとること、相手の情動にすばやく呼応する能力、相手に共鳴する能力などについて話し合ったのです」。まさにこれこそ、マットが探し求めていたものだった。

そのとき二人のルームメイトは、俳優としてトレーニングを受けたときのことを思い出しながら、子どもたちの心を開かせるために、ミラーリングする、架空のボールを投げ合う、互いのボディランゲージを読むなど、シアターゲームを導入するよう提案してきた。

「私たちは何かに取りつかれたように夜を徹して、使えそうな即興ゲームをいくつか考案しました」とマットは言う。

翌日彼は、ミラーリングや、やがては日常生活で体験した場面を演じるなどのゲームやエクササイズをティーンエイジャーたちに紹介し始めた。するとただちに反応が返ってきた。「彼らは関心を持ってくれました。何しろものを投げつけられませんでしたから」

こうして、マットはもはやマニュアルには従わなくなった。

もちろんゲームの規則には従う必要があるが、ティーンエイジャーたちは、ゲームを行なうことで日常生活における自己の経験をコントロールできるようになっていった。彼らが興味を持った架空の世界で、自然に振舞えるようになったのだ。それは必ずしも現実世界と完全に一致するものではなく、マットの言葉によれば、そこには『スター・ウォーズ』シリーズの決闘シーンを模した「ライトセーバーによる数々の戦い」があった。しかしそれでも、彼らは互いに関わり合っていた。夏が終わるまでには、彼らは自分たちでゲームを考案して演じるようになりさえした。

その後マットは、かつて大学で学んでいた、音楽と哲学に集中するようになる。

しかしその翌年の春、ベンの母親がマットに電話してきて、地元で実施されている社会的スキルを磨くための他のサマーキャンプでは、事態が望ましい方向に進んでいないことを相談された。息子の支援を必死で求めていた彼女は、「去年あなたは、あの突拍子のないやり方でうまくやっていたでしょう。あなたもキャンプを主催しなさいよ」と言ってきた。そこでマットは、それまで資金繰りなどしたことはなかったが、なんとか助成金を手にして、即興を教えるために友人の俳優を何人か雇った。それからベンとじっくりと話をし、キャンプでは無理に何かをやらせるのでなく、ベンがおもしろいと感じるはずのことをすると請け合った。

その効果に関しては、比較対照実験を行なわない限りいかなる主張もできないが、彼のキャンプに参加した子どもたちは、高いレベルの関与を示し始めた。彼らは自分たちでシナリオを練り映画を撮った。そして彼らの社会的スキルは向上していった。夏の終わりには、子どもの両親は皆、マットに一年を通してキャンプを続けるよう懇願した。キャンプが効果を発揮していることを確信していたのだ。

マットは、両親が単に自分の子どもの姿を見てほっとしたいからではなく、子どもの社会的スキルや共感能力が実際に改善してほしいと思うから費用を払っているのだということをよく心得ていた。それには彼のテクニックが有効であることを示す確たる証拠が必要であり、だから比較対照実験に着手することにしたのだ。かくして彼と同僚は、自閉スペクトラム症を抱えるティーンエイジャーを対象に実施している即興クラスの効果を厳密に測定した最初の実験の結果を報告する論文を発表した。

この実験では、成功の度合いを測るのに複数の尺度が用いられている。共感に関する筆記テストと視覚テストを、即興トレーニングを行なう前とあとで課したのである。さらには、その後も時間をかけて追跡調査を行ない、教室にまで出入りして、研究対象の子どもたちに友だちができたかどうかを確認するために同級生をインタビューしたりもした。「スポットライト」と名づけられたこのプログラムは、うまく機能した。また、現在でもうまく機能している。数年後の現在では、スポットライトはボストン地域だけで三五〇人を超える子どもたちを対象に行なわれている。

そのきっかけとなったベン本人は、大学を卒業し、さらに最近大学院を卒業した。

他者の心を読む能力が強力なツールである点に間違いはない。しかもそれは、一対一の関わり合いにおいてのみならず、グループ全体でのメンバー間の交流にも役立つことを、私はやがて知るようになる。

第8章　チーム

二〇一〇年、アニタ・ウーリーらは、チームがうまく機能するために必要とされるもっとも重要な要因をつきとめようとしていた。人がさまざまな課題をどの程度うまくこなせるかは、知能テストによってかなり正確に予測できると長く考えられてきたと、彼女はある論文に書いている。たとえば、語彙の豊富な人は、数学の成績にもすぐれることが期待される。しかし、グループに関しても同じことが当てはまるか否かをテストしてみた研究者はいなかった。チームでも、一般知能がうまく機能するのだろうか？　たとえば、IQの高い人々を一つのチームにまとめたら、そのチームの成績は、種々の課題で他のチームの成績を凌駕するのだろうか？　IQは、チームの成績を決定するもっとも重要な要因なのか？　それとも、それとは別の要因があるのか？

ウーリーらは、決定的な要因が存在することを発見した。だがそれはIQではなかった。

彼女の研究グループは六九七人の志願者を集め、二－五人のメンバーから成る小さなチームに分けた。それからいくつかの課題を実行させ、知能平均によってはグループの成績を有意に予測できないことを発見した。しかしそれを予測する因子が三つあった。グループメンバーそれぞれの自由に議論に参加する能力、標準化された共感テストの成績、そして驚くべきことにメンバーに女性が含まれるか否かの三つである。

女性の存在に関して言えば、一つの理由として、女性は一般に、男性より共感テストの成績がすぐれているることがあげられるだろう。グループに女性が多くいればいるほど、グループ全体の共感度がそれだけ上がり、それにつれ成績も上がる。したがって実のところ、共感は、三つの要因のうちの二つ、すなわち標準化された共感テストの成績と女性の存在の有無に関与していることになる。さらに言えば、自由に議論に参加しようとするグループメンバーの積極性にも、共感が関与している可能性が考えられる（ただし、これは私の考えであり、ウーリーらはそれについて何も言及していない）。グループの他のメンバーがあなたの感情に気づいており、したがってあなたが自由に意見を表明してもとがめられたりはしないという感覚を抱いていれば、あなたは自らの考えを進んで提起しようとするはずだ。ただしもちろん、私が共感を過大評価しているがためにそう思っているという可能性はなきにしもあらずだが。

しかし最大の驚きは、同じ部屋にいる人々が集まってできたグループではなく、オンラインでメンバーが集まったグループでも同じ結果が得られたことだ。つまり対面状況であろうが、オンライン環境のもとであろうが、「一貫して他のチームよりすぐれた成績を残したチームがあった」のである。しかもその理由は同じで、「そのチームには、盛んに他のメンバーとやりとりをし、分け隔てをせず、他者の情動を読む能力に秀でたメンバーがいた」からであった。

これらの情動的な能力を女性は高度に備えているという理論に関して言えば、ある大企業が、意図的に女性を多く採用することでそれを裏づける実験を行なっている。中国のウェブメディアの巨人アリババの創設者ジャック・マは、次のように話したのだそうだ。「私は、当社では上級管理者の三四パーセントを女性が占めていることを誇りに思う。彼女たちは、わが社の陰と陽のバランスを保つのに実によく貢献してくれる」。アリババの全従業員を対象にすると、女性の比率は四〇パーセントにのぼる。マによれば、女性が会社に寄与しているものとは、いわば「企業の秘伝のタレ」なのだ。

この事例はマの意図的な決断によるものだが、意図せずして類似の実験を行なっているに等しい企業が他に数十社あり、同様な結果が得られている。クリスチャン・デジューとデイヴィッド・ガディス・ロスは、一五〇〇社のS&P企業〔S&Pは世界最大手の格付け機関〕の一五年にわたる記録を研究し、トップの地位を女性が占めているときに、その企業が良好な業績を収めていることを発見した。興味深いことに、革新的な戦略を持つ企業が、もっとも成功している(が革新的ではない企業であっても、女性がトップの位置を占めているときに、業績が落ちたりはしていない)。彼らの主張によれば、女性がトップの座を占めていると、その企業の戦略の焦点が革新に置かれている場合には特に、業績の向上につながる。というのも、一つは女性の社会的なスキルによって、全般的に意思決定の質が向上するからであり、また、研究が示すところでは「とりわけジェンダーの多様性が創造性を促進する」からである。

ウーリ・アロン

いかにしてチームが最高の成績を残せるかを調査した研究は他にもある。同じ頃、大西洋の対岸では、イスラエルの一人の科学者が、独自の技法を用いてより賢く協力的なチームを築く実験を行なっていた。ちなみに第4章で紹介したように、ウーリ・アロンは、リーダーがいなくても二人の被験者がミラーリングし合えることを実証してみせた科学者でもある。

科学雑誌に掲載された彼の論文を読んだとき、私は即座に、自らが率いる研究チームの業績をあげるために、彼が即興シアターで用いられている原理を導入したのだということに気づいた。舞台で機能している基本的な原理は、彼の研究室の運営にも有効だったのだ。彼は「学生は自らの責任で自己のモチベーションを保たなければならない」と想定することの落とし穴について、「研究者がモチベーションの欠如の責任をチームのメンバーに負わせることになる」と論文で述べているが、この考えには賛同できる。チームのメンバーを動機づけるのはリーダーの仕事であり、それに失敗すればチームは崩壊するというのが彼の見方だ。これは、ミラーエクササイズで相手がついていけるよう配慮する責任をリーダーが負わないと、二人の同期を保っていたつながりが断ち切られるために起こることでもある。また、教師が生徒に、あるいは講師が聴衆に、自分の話を理解してもらえない責任を押しつけると起こることでもある。

かつてコメディアンは、笑わない観客に向かって「皆さん、これはジョークですよ！」と言うことがあった。そんなとき観客は、「それは違うだろ。おまえらが、笑える演技をするよう心がけろ！」と思っていたに違いない。

実のところ、責任は聞き手ではなく語り手にある。ウーリはその考えを一歩進めて、グループ全体のモチベーションを向上させることができると示唆する。彼の言葉によれば、「目標は、自分のモチベーションが自然に高まるような状況を人々に提供することである」

それを達成するために彼が用いている方法の一つは、社会的なやりとりに注意を払うことだ。彼のチームは週に一度二時間ほど集まって、研究室の仕事について話し合っている。しかし、最初の一時間は科学についてはまったく議論しない。その代わり輪になってすわり、芸術、政治、ときにはメンバーの日常生活について語り合っている。それが終わってからようやく、誰かが自分の研究について話し、残りのメンバーはそれをめぐってさまざまなアイデアを出し合うのである。かくして社会的な結びつきが強まると、チーム全体のモチベーションも上がることがわかったのだ。

これは、私たちがサイエンスコミュニケーションセンターで採用しているアプローチによく似ている。このアプローチは、科学の営みを円滑に行なえるようにするために、社会的な流れに配慮しながらメンバーをまとめるというものである。私はウーリと直接話をしたいと思い、イスラエルに電話した。

私が契約している電話会社では、理由はよくわからないが、自分で直接イスラエルに電話することはできないらしく、オペレーターの取り次ぎが必要とのことだった。しかし彼らは、それにかかる料金について何も言わなかった。大企業にいきなり出鼻をくじかれたかっこうだ。オペレーターがキーボードのキーを叩くのにかかる料金などたいしたことはなかろうと思っていたところ、回線が通じてから請求された金額は思っていたより高かった。ウーリとは二時間ほど話をした。料金は小馬が買えるほどだったが、一分一秒が非常に価値のあるものだった。

ウーリは、物理学者として自身のキャリアをスタートさせ、そのあとでシステム生物学と呼ばれる分野に移った。システム生物学とは、数理モデルを通じて、（分子からすべての生物種に至る）複雑な生物学的システムにおいて無数の構成要素がいかに協調し合っているのかを解明しようとする学問分野である。

ウーリは、生きた細胞が持つ複雑な機能に見られる相互作用のパターンの発見に関して重要な業績を残している。この分野で彼が注目されるようになった論文は、実のところ、即興の力に促されて書かれたものであり、おそらくは彼の生涯にわたる関心の必然的な成果とも言える。

彼は二つの道を同時に歩んできた。母親は物理学者で、両親はつねに彼が物理学者になることを望んでいた。誕生したときから、両親は彼を教授（プロフェッサー）と呼んだ。だが彼自身は内心、自分を芸術家として考えていた。そこで彼は、「ならば、まずは科学の道を歩む。だが、四〇になって白髪が生え始める頃には芸術や詩の道に戻ろう」と決心する。しかし四〇歳になる前に、芸術は彼をとらえる。彼は言う。「軍隊でプリム祭〔ユダヤ人の祭〕をやり、演劇を上演して司令官を風刺しました。いつも私が監督し、脚本を書き、演じていたのです。とても愉快でした」

失恋してから、ギターを弾き始め、彼が生まれて初めて即興の味を覚えたのは、バーで即興の歌を歌ったときのことだった。大学院に入ると、科学者になるために勉強を続けるかたわら、演劇に出演していた。ある日彼は、監督から即興を紹介され、それが彼の求めていた芸術であることに気づく。彼の語るところでは、最近の一五年間、毎週金曜日の夜、観客の語る人生のストーリーを舞台で演じることを専門にする、「プレイバック」と呼ばれる即興グループで演技してきたのだそうだ。

かくして私は、科学者にして即興演技者を発見したのである。

とはいえウーリは長らく、即興と科学をそれぞれ別の道と見なしていた。彼はこう語る。「私は何年も、自分を科学者として考えていました。その仕事を達成してから演劇の世界に入り、全身で生きている喜びを感じるつもりでした。科学と演劇では世界がまったく違います。しかし、それらが徐々につながるようになってきたのです」

現在の彼は、科学者に即興を教えている。そして、これら二つの世界が強く結びついていることを発見した。彼は次のように言う。「私は、即興で未知の世界に飛び込むことと、科学の営みにおいて未知の世界に飛び込むことが似ているのにとても強い関心を持っています」

イエス、アンド

即興のもっとも基本的な要素のいくつかは、ウーリにとって非常に役立った。「即興は傾聴することです。私は今、傾聴しているところです」とウーリは言う。即興の基本ルール「イエス、アンド」は、彼の仕事に大いに役立っている。

即興において、「イエス、アンド」は、相手が自分に与えたものを、さえぎったり、拒否したりせずに受け入れ、それに建設的に反応する、つまり何かをつけ加えることを意味する。ウーリは次のような例をあげる。「ある役者が〈あそこを流れている水を見て〉と言ったとしましょう。それに対して相手が〈あれは水ではない。舞台だ！〉と言って前者の話をさえぎれば、そこで場面が途切れてしまいます。でも相手が〈イエス、アンド〉のきまりに従っていれば、前者の話を受け入れて、たとえば〈おお！すごい量だ！　飛び込んであのクジラを捕まえようじゃないか〉などとつけ加えることができます」。そして二人は舞台を下りて泳ぎ始めるのだ。

ウーリの主張では、同様に研究室（や他のいかなる場所）でも、研究者たちは、いかに奇妙に聞こえようと互いのアイデアに耳を傾け、建設的に何かをつけ加えることができる。「科学の世界では話がさえぎられることが多いのですが、〈イエス、アンド〉を実践すれば、アイデアが自由に育っていくのです」と彼は言う。

ある学生が一連の計算の途中でつまずき、「紙のうえにダイアグラムを描けたらいいのに」と言い出したことがあった。それに対しウーリは、「それではだめだ。もう一〇〇回もやったじゃないか」と言うのではなく、「そうしよう（イエス）、そして（アンド）大きな模造紙でやろう」と答えた。実際にそうしたところ、描いたダイアグラムは、以前は見えていなかったものを見えるようにしてくれたのである。

それまでは、細胞内で遺伝子同士が影響し合う極端に複雑なシステムの構造を解明することは、ほとんど望み薄であると思われていた。しかし「もう一度（巨大な）ダイアグラムで試してみませんか」という学生の問いかけに対しユーリが「イエス」と答えたことで、彼とチームは初めて、遺伝子が三つの基本的なパターンで相互作用し、それらのパターンが細胞内で何百回と繰り返されているのを発見することができたのだ。

ユーリは言う。「こうして、恐ろしく複雑なネットワークと見なされていたものが、誰もが考えていたより単純なものであることがわかったのです」。それは単にメンバー同士のコラボレーションを通して成功したという満足感を研究室にもたらしただけでなく、システム生物学におけるウーリの研究に、その分野で注目を浴びる革新的な発見をもたらしたのである。

承認と傾聴というルールは、チームメンバー同士の関係においてのみならず、自然を観察するときにも機能する。科学者は、自分の先入観を排して自然を観察しようとつねに努力している。ウーリは、自然に対しても「イエス、アンド」と言うことができれば科学者にとって非常に役立つと主張する。「データに話しかけるのではなく傾聴するのです」と彼は言う。

これらすべては、即興の必然的な産物が共感であることを示唆する。そして共感と、より理性的な「心の理論」の組み合わせは、コミュニケーションの基盤をなすのである。

第9章　総合リスニングはすでに始まっている

私たちはサイエンスコミュニケーションセンターで、数千人の科学者や医師を相手に話をしてきた。そして何度も、聴衆に話しかける以前からリスニングが始まっているのを見てきた。私はまず聴衆を見て、「彼らは何を知っているのだろうか？」「何から始め、どのくらい深くまで掘り下げるべきか？」「彼らは何を知りたがっているのか？」「先走って、彼らが知らない概念を使ってしまわないだろうか？」などと考える。

スイスに本部を置くヨーロッパの研究機関CERNを訪問して帰ってきたときのことだ。CERNの科学者がヒッグス粒子を発見したばかりだったので、あらゆる新聞に、それにまつわるストーリーが掲載されていた。ディナーをともにしていた私の女友だちは、それに関して私が知っていることを聞きたがった。「ヒッグス粒子って何？」と彼女は訊いてきた。私は複雑なものごとに関しては、答えるより質問するほうが得意なのだが、彼女の問いに何とか答えようとした。

「ええと。他のあらゆる粒子に質量を与える粒子のようなもので、（……）」と私。

「ちょっと待って。粒子って何？」と彼女。

どうやら先走ってしまったらしい。だから、私はあと戻りしなければならなかった。だが、それだけではない。

相手がすでに知っているところから話を始めなければならないばかりでなく、どこでやめるべきかをもわきまえておかねばならない。さもなければ、相手は圧倒されていると感じるだろう。私が、ヒッグス粒子が物理学の標準モデルにとっていかに重要かについて、自分のつたない理解を得意げに開帳し始めたら、それは私にとっても彼女にとっても行き過ぎになろう。そうなってしまうと、彼女は「この話はもうたくさん」という絶望感を覚えて、そのたぐいの質問を二度としなくなるだろう。

だから私は、ストーリーの冒頭から説明し直すことにし、苦心しながら物質の基本的な構成基盤としての粒子がどんなものであるかについて説明した。だが、彼女はまだよくわからないという表情をしていた。のちに私は、物理学者のブライアン・グリーンに、「あなたなら粒子の概念をどう説明しますか?」と訊いてみたことがある。彼の説明は、とてもわかりやすいものだった。CERNから戻ってきた日に、それを知っていればと今にして思う(「パンを半分に切って、さらにその一方を半分に切る。この作業を繰り返していくと、やがて最小の断片に至る。それが粒子だ」)。

したがって、相手がどの程度まで話を聞く準備ができているのかを知ることはきわめて重要であり、先走った話をしたり、本筋に入るのが遅すぎたりすると、相手は混乱してしまうだろう。言うまでもなく、ブライアンの説明のような、わかりやすく、明瞭なイメージの提起は、聞き手が話を視覚化し記憶するための補助になる。

しかし、人はときに、説明をまったく聞きたくないと思っていることがある。

健康に問題を抱えている人は、事実を詳しく知りたいと思っているだろうか(そういう人もいる)、それとも知るのを恐れているだろうか？　今すぐに事実を聞く心構えができているのか？　もしかすると患者は、事実に関する知識よりも医師の存在そのものを求めているのかもしれない。

ストーニーブルック校アルダセンターで即興の監督を務めているヴァレリ・ランツ＝ゲフローは、それに関連するエピソードを語ってくれた。ちなみにヴァレリは、並外れた指導力を持つベテラン女優でもある。私はこれまで、国内の至るところで行なわれているワークショップで彼女が教えているところを見てきた。彼女は頭脳明晰で、思いやりがありかつ堅実な手法で即興クラスを運営している。涙もろいタイプには見えないが、私に医師と患者のやりとりについて語ってくれたときには、言葉がつまることがあった。

それは、次のような話だった。「医学部の学生の一人が、クラスが終わったあとで私のところにやって来ました。それは夜間のクラスだったので、わざわざクラスが終わる午後八時まで待ち、自分にとって即興がいかに重要かを私に話してくれたのです。彼にとりわけ強い印象を与えたのは、ミラーエクササイズでした。彼は、一か月前に出会ったある女性のことを話してくれました。彼女は死にかけていました。転移性肺がんにかかっていることがわかったのです。余命二週間でした。彼は、内科医と一緒に病棟を巡回しているときに、内科医が彼女にその事実を説明するのを聞いていました。しかし彼の印象では、この内科医は、彼女がほんとうの意味を理解できないような話し方をしていたのだそうです。彼女は、事実を真に理解しているようには見えなかったのです。そこでこの学生は、〈彼女と話がしたいのですが構いませんか？〉と尋ねたところ、内科医は彼にその許可を与え、去っていったのだそうです」

「彼は彼女のそばにすわって手を握りました。それからゆっくりと率直に事態を説明しました。〈転移性（metastatic）〉や〈悪性（malignancy）〉などの言葉は使いませんでした。その程度の言葉でも彼女には理解がむずかしかったのです。そして初めてこの女性は泣きました。彼が言うには（……）」

ヴァレリはここでしばらく間を置き、「話しているだけで泣きそうになってきます」と言った。それからさらに次のように続けた。「（彼が言うには、）自分も泣いたのだそうです。それから初めて彼女は質問し始め、彼はそれに答えていくことができました。彼の話によると、〈それはまったくミラーエクササイズそのものでした。最初は私がリーダーでしたが、やがて彼女がリーダーになり、私は彼女に従いました。最後には、私は彼女に死に関する理解を、そして彼女は私に、よき医師たるにはどうあるべきかに関する理解をもたらすことができたのです。それを可能にするつながりや、積極的なリスニングのスキルを与えてくれるのがミラーエクササイズなのです〉」

私たちの目的は、医師を涙もろくしたり、患者の情動に圧倒されやすくしたりすることにあるのではない。当然ながら、医師が「情動の底なし沼」にはまるのは望ましくない。とはいえこの事例では、医学部の学生は、他者と豊かな結びつきを築く能力に突然反応して、自己の新たな側面に心を動かされたのである。

彼は患者に対して強い情動反応を示したとはいえ、患者の思考を、ある状態から別の状態へと繊細な実践を通して導くことができた。これは医療とはまったく異なる分野でも起こり得る。たとえば、ビジネスにおいてさえ。

言うまでもなく、私はビジネスのやり方に詳しいわけではない。それでも、私たちが医師や科学者を相手に見てきたものと、成功したビジネスリーダーの経験のあいだには類似性があると考えている。

たとえばビル・ゲイツは、仕事に対する個人の適性を評価するにあたり、その人がいかにうまく他者と関わり合えるかを考慮することが重要であると書いている。「彼らは成功に必要とされるＩＱのみならずＥＱ〔心の知能指数〕も備えているだろうか?」と考えるのである。

彼の友人、実業家のウォーレン・バフェットは、やがてこの教訓を学ぶが、最初は驚くほどスロースターターだった。彼はあるインタビューで、学校では人前で話すことを「恐れ」、それが求められるクラスはとらないようにしていたと述懐している。やがて、ビジネスで成功を収めるためには人前で話をしなければならないことを悟り、デール・カーネギー・トレーニングコースをとった。「一〇〇ドルを払って、小さな卒業証書を手にしたんだ」と彼は言う。このコースの聴講は、少なくとも一つの点に関して役立った。というのも、コースを履修しているあいだに、妻になる人にプロポーズしたのである。「だから、受講料のもとはとれた」のだそうだ。

それはそうと、バフェットのインタビューで私の関心をもっとも強く引いたのは、かつては寡黙だったこの人物が、三三万人の従業員と気楽にコミュニケーションをとる方法について語っている点だ。一つは、単刀直入に話すことである。自社のＣＥＯに向けられた彼のメッセージは、ビジネス書のモデルになる。彼は言う。「私は、二〇〇頁のマニュアルが有用だとは思っていない。誰も彼もが、そこに抜け道を探そうとするからだ」。その代わりに二年ごとに「CEOたちに一頁半の簡潔な手紙を書く」。それを通じて、自分たちは資金を潤沢に手にしているとはいえ、わずかでも社の評判を損なってはならないことを、管理職の肝に銘じさせるのである。そして、新聞の第一面に取り上げられても構わないような意思決定を下すよう戒める。

バフェットは、読み手の心の状態に十分に配慮しつつ、はっきりと自己の見解を述べる。彼は、株主向けの報告の一つから、「話が一万六〇〇〇語に達してしまえば、読み手がついて来られなくなるだろうと考えて」、二、三の事項を省略したのだそうだ。

私は、大企業のCEOたちの経営方法に魅了される。というのも、私自身にはその種の経験がないに等しいからだ。映画を監督した経験はあるが、一度に二〇〇人以上を管理したことはない。しかも彼らスタッフは、やるべき仕事を熟知しており、自分で自分をうまく管理することができる。だからプロダクション・ミーティングでは、私は各部門に対し自分が何を求めているかを話してからただちに退出し、その目標をどう達成するかは各部門の判断に任せることにしていた。

とはいえ、私はものごとを整然と運営することが苦手なわけではない。映画『くたばれ！　ハリウッド』（米・一九八六）を監督したとき、独立戦争の戦闘シーンを撮影するために、一〇〇人の兵士が一〇〇人の兵士の隊列に向かって突撃する光景を再現しなければならなかった。このシーンの撮影には何日もかかることが予想されたが、そんなに時間をかけるわけにはいかなかった。それには巧妙な組織的運営が必要とされた。だから私は、一〇〇組の俳優たちを相手に七種類の白兵戦のやり方を教えるよう七人のスタントマンに指示し、俳優たちには一週間をかけて自分にわり当てられた戦い方を会得するよう言った。そして、かくして訓練した俳優たちを、まったく同じ動作シーケンスの白兵戦がそこら中で起こっているようには見えないよう配置して戦闘シーンを撮影したのだ。こうして混沌とした戦闘シーンを再現することができたのだが、実際には事前に細かなリハーサルが行なわれていたのである。

私たちは、七台のカメラを動員して二時間で戦闘シーンを撮り終えた。以来何年も、私はシーンのできそのものより、混沌とした戦闘シーンを巧みに組織して撮影できたことを誇りに思っていた。しかしこれは、おもに人員配置に関する問題を巧妙に解決したにすぎない。人々を動機づける必要も、大きな目標のもとに結集する必要もなかった。しかも二〇〇人を相手にしさえすればよかった。何万もの従業員を管理するのとはまったく違う。大企業のCEOたちは、どうやってそれほどの規模の管理を行なっているのだろうか？

私はその点に大いに関心があったので、ある大企業の経営者の一人に会った際、世界各地に散らばる三五万人の従業員をどうやって管理しているのかを無邪気に尋ねた。すると彼は、いかにも「こいつは頭がおかしいのか、それとも愚かなのか」を決めかねているかのような顔つきでしばらく私を見ていたが、やがておもむろに、「私には優秀な副官（lieutenant）がいる」と答えた。それを聞いた私は、「そうか。軍隊のように運営しているのか」と思い、短期間ながら軍隊にいたときのことを思い出した。そこでは、上官の言うことを聞かないと、ジャガイモの皮むきをやらされるか、あるいは監禁された。状況次第では、銃殺刑になるかもしれない。「そんなビジネスモデルで儲かるのだろうか？」と、私は訝った。それだけで従業員の管理ができるはずがない。そう思ったのだ。

ワークショップでの経験が示すところでは、もちろんリーダーシップは重要だが、リーダーシップがいかに伝達されるのかも重要なはずである。一つの方法として、解雇しないことと引き換えに、従業員からいつも以上の成績を引き出すことができる。あるいは、従業員の心の状態に波長を合わせることで、よい仕事をしようとする意欲を引き出すこともできる。実のところ、後者のやり方のほうがよい結果が得られることが研究によって明らかにされている。

二〇〇一年、ゴルナズ・サドリ、トッド・ウェバー、ウィリアム・ジェントリーは、六七三一人の管理者に関する、上級管理者や部下の報告を集めている。三人はこの研究によって、部下の示す情動の理解がリーダーにとってどれくらい重要なのかを調査しようとしたのである。明らかに、それは非常に重要であった。彼らの発見によると、「共感力があると部下に評価されているリーダーは、上級管理者によって優秀なリーダーとして認知されている」。つまり、部下があなたの共感力を評価するようになる頃には、あなたのボスは、あなたが自分のチームからすぐれた結果を引き出していることに気づき始めているということだ。

ある大企業のCEOと昼食をともにしたおりに、私はこの話題を持ち出した。私は、彼が非常にすぐれた管理者であるに違いないと思っていた。というのも彼は、国内でも最高の報酬を手にしているCEOの一人としてあげられていたからである。私は彼に、「部下に厳格に対応すること」と「部下に波長を合わせること」という二種類のリーダーシップについてどう思うかを訊いてみた。

彼には、非常に厳格なリーダーのもとで働いた経験があった。たとえばこのリーダーに、「次はもっとましなプレゼンをすることだ。さもなければおまえはクビだ」と言われたのだそうだ。しかし彼は、彼が経営する会社では、まずは部下がそれまでにしてきたすぐれた仕事を取り上げて賞賛し、それから次回はそのレベルに見合うプレゼンテーションをするよう促すことで、よりすぐれた結果が得られると感じていた。

このやり方は、単に部下が受ける衝撃を緩和するだけでなく、相手が何を考え感じているのかに留意したうえで、部下の最善の努力を引き出せるよう働きかける。つまり、「きみの成績はひどい。こんなことは二度とないように」と叱責するのではなく、「きみはよくやっている。それをもっと続けなさい」とあと押しするのだ。前者の言い方は何としてでも避けなければならない失敗のイメージを、それに対し、後者の言い方は従うべき成功のモデルを部下に提示する。私が昼食をともにしたCEOは特に意識していなかったのであろうが、実のところ、即興における「イエス、アンド」の原理、すなわち相手が与えるものを受け入れ、それにつけ加えるべしとする原理に従っていたのである。

しかしもちろん、賞賛をでっち上げてはならない。それでは嘘をついていることになる。監督と俳優のあいだで、偽りの賞賛がみごとに失敗するのを何度か見たことがある。監督から、たとえば「二テイク前にきみはすばらしい演技をした」とほめられた俳優が、そんな演技はまったくしていないことを自分ではよく心得ている場合には特に、みごとに失敗する。欺瞞を見つけるのはたやすい。おそらく心にもないことを言われた側は、「こいつはおれがどう感じているかを知ってやがる。だからそれを利用して、自分の思いどおりにさせようとしているのだ」と思うに違いない。誰かの頭のなかに入り込むことができるとしても、強引にそこに押し入る罪を犯すのは得策ではない。

もちろん、悪いニュースを伝えることしかできない場合もある。

私にはボスの役割を果たした経験はあまりないが、その不愉快な役割の一つに、突然能力不足を露呈した部下の解雇がある。最初は適任だと思っていた部下が、みごとに狼男に変身することがあるのだ。言うまでもなく、彼らは別人になったわけではない。数か月前とまったく同じよき人である点に変わりはない。しかし、人を雇う際に必要とされる感受性や他者の心を読む能力を駆使したつもりでも、最適な人材を選ばなかったことがあとになってから判明することがときにある。

人を雇う際に他者の心をうまく読めていれば、自分が悪魔であるかのごとく見えないようその人を解雇するために、まさにその能力を駆使する破目になることなどなかったはずだ。ここでも傾聴は、大いに役立つ。

私は一度ならず、採用面接の最初の五分から一〇分くらいは、応募者が自分の人となりについて正確に語り、私がその人に何を期待できるかを示す情報を与えてくれるということを発見した。それに気づいていない応募者も多い。採用した応募者がその職に適していないことがのちになってわかってから、採用面接の際に本人がその徴候となる何らかの情報を口にしていたことに気づくことが、私にはある。つまり私は、採用面接の際に、十分に耳を傾けていなかったのだ。

もちろん、採用面接で自分のことをあしざまに言う人はいない。どんな些細なことにも注意を向ける能力に非常に恵まれていると、誇らしげに語る応募者を面接したことがある。そのとき私は、「詳細にこだわりすぎて、どんな課題を与えても、いつまでも完成できないなどということはないだろうか？」と自問してみることもできたはずだった。

事態はもっと深刻になり得る。適性のない人を雇うのと同じくらい悲惨な結果を招くのは、スキルはその職に合っていても言動や行動が不可解な人物を雇うことだ。

かつて私は、多額の資金を管理するためにある人物を雇っていた。彼はその仕事に長じているように見えたが、一つ問題があった。それは、私には彼の話がまったく理解できないことだった。たとえば彼は私に、最初からまったくちんぷんかんぷんな言葉で「減耗控除（げんもうこうじょ）」と「繰延税（くりのべぜい）」について長々と説明し始めた。どれくらいひどくなるのか想像もつかないくらいひどかった。それでも私は、いつまでもなんとなく彼を雇い続けていた。実のところ何年にもわたって。しかしある日、ついに私はこらえきれなくなった。

私：「すまないが、どうやらあなたを解雇しなければならない時が来たようだ」
彼：「どうしてですか？」
私：「コミュニケーションに問題があるからだ」
彼：「それはどういう意味ですか？」
私：「私にはあなたが理解できないということだ」
彼：「どのように？」
私：「話し方が。あなたが話していると、私には何を言っているのかがさっぱりわからない」
彼：「なぜ？」
私：「なぜって、コミュニケーションに問題があるからだ」

ここで私はめまいがしてくる。

結局私は、「あなたが悪いんじゃない。問題は私にある」などと思ってもいないことを口にする破目になる。すると彼は「それは、いったいどういう意味ですか?」と訊いてきた。

第10章　リスニング——役員室から寝室まで

私たちのほとんどは、自分では気づいていないコミュニケーションの問題を抱えている。大企業は、自社がハッカーの攻撃に脆弱であることは十分に認識している。ところが、その企業のファイアーウォールにあいた最大の穴が、社員同士のコミュニケーションのギャップによるものである可能性は疑っていない。この穴は、気づかれないことが多い。次のようなシナリオを考えてみよう。

その企業の経営者は長いあいだ、何か問題が起こると、自社のセキュリティ規約に間に合わせの小さな変更を加えてきた。だが今回、取締役会はＩＴの専門家を諮問して、彼らに完全なレポートを提出するよう求めた。

会議に呼び出されたＩＴの専門家は、自社のネットワークが外部からの攻撃にさらされているという驚くべき報告をし、その原因と対策を説明する。

役員たちは、その結果がどうなるのかを知りたがって熱心に彼女の話を聞いている。ところがその期待に反して、セキュリティ担当の彼女は、自社のネットワークが抱える脆弱性の技術的な側面をこと細かく説明する。役員たちは、彼女が何を言っているのかがよくわからず、そのため問題が徹底的に究明されるまで、この件は保留にすることに決定する。

ブラックストーングループの情報セキュリティ部門長ジェイ・リークは、『ニューヨーク・タイムズ』紙のインタビューに答えて、「セキュリティ担当者は、自分の仕事に必要とされる技術的な知識に浸っていますが、役員が何を聞こうとしているのかがわかっていません」として、この問題に言及している。リーク氏はさらに次のように述べる。「IT部門は、社の運営を非常に複雑かつ高度に技術的なものにしてきました。そして、役員たちの頭を問題で包み込むようにして、(……)はっきりとわかる言葉で上層部に向けて何が問題なのかを伝えることをしてきませんでした」。彼は、コミュニケーションを正しく行なう責任が、情報を受け取る側ではなく、発信する側にあることに気づいているようだ。この理解なくしては、ことの緊急性は、専門用語の山に埋もれて見失われてしまうだろう。

これも、過剰な情報が障害になり得ることを示す一つの例である。私たちはサイエンスコミュニケーションセンターで、聴衆を前にして自分の知っていることを一度に話す必要はないと科学者に教えている。情報を提示するときは、聞き手にもっと知りたいと思わせるくらいの量が適切である場合が多い。情報を強引に詰め込まれると、聞き手は消化不良を起こし不快な気分になるだろう。

先のシナリオの、ハッキングの問題に関して言えば、このIT担当者は、ほんとうの意味で役員の存在に気づいていない。実のところ彼女は、問題の純粋に技術的な側面という、役員の頭ではなく、自分の頭を占めていることについて話している。

彼らが報告している役員たちが今すぐにITシステムの改善を認可しなければ、セキュリティ強化という課題は達成し得ない。そしてリークが指摘するように、「人は、自分が理解できないことに対しては〈ノー〉と言うのが普通である」。「ノー」という返事によって、やがてセキュリティ侵害が引き起された場合、その企業ばかりか、クレジットカード番号などの個人情報が盗まれれば、一般の人々にも被害が及ぶ。

私は、実業家や政府の代理人とうまく話せるようITエンジニアを支援している夫妻と食事をともにしたことがある。そのとき、逆のケースもあるという話を聞いた。つまり、CEOが何を言おうとしているのかをITエンジニアに説明しなければならない場合があるのだそうだ。こうして見ると、何か一つでもものごとがなし遂げられれば、それだけで実にありがたいことなのかもしれない。

私はこれを個人的な問題としてとらえている。なぜなら、私はたまたまビジネスにおけるある分野の専門家だからである。そう、顧客という専門家だ。

顧客として私は、一日中企業からのメッセージを受け取っている。触れるもののほとんどには、宣伝が書かれている。何かを買うと、さらに強力なメッセージを受け取らされる。パッケージを開けるごとに、それを製造した企業が、私にメッセージを伝えようとするのだ。プラスチックの「貝殻」で堅固に包装されたパッケージを、ナイフやはさみはおろかハンマーを使っても開けられず、「この製品を製造した会社の社長は、自分でこれを開けたことがあるのだろうか?」と思うことさえある。

指に絆創膏を巻いて新製品を使っているのは私だけではない。イングランドで二〇〇〇人を対象に行なわれた調査では、一〇人中四人が、パッケージを開けようとして怪我をしたことがあるという結果が得られている。あるケースでは、カスタマーは、プラスチック製のひもを切れず箱の中味を取り出せなかった。それも無理はない。なぜなら、はさみはパッケージのなかに入っていたからだ。

ここでは、誰が誰にメッセージを伝えようとしているのだろうか? 小売店は、万引き犯が店でパッケージを開けられないよう、頑丈に包装することを供給者（サプライヤー）に望む。メーカーは、海外に輸送する際に傷まないよう商品を厳重に包装したがる。その一方、私の指を心配してくれる人は誰もいないらしい。もう一度そんな商品を買うだろうか？　おそらく二度と買わないだろう。どうやら類似の製品があれば、四〇パーセントの人々は、実際に開けられるパッケージに入った商品を選ぶらしい。

しかし、それがここでの焦点なのではない。

売り込み

企業が消費者や他の企業とコミュニケーションをするためのより明瞭な手段は、売り込みである。もちろん、売り込みはビジネスに限られた話ではない。おそらくは、ビジネスという営みが誕生する以前からあるのだろう。人類の歴史を通じて、形態は異なっても、売り込みはつねに行なわれてきた。家族と一緒に休暇をどう過ごすかをめぐって、バックパックを背負って荘厳な国立公園を訪ねたいと考える人もいれば、テーマパークで愉快に遊びたいと思う人もいるのなら、そのどちらを選ぶかを決定するのがまさに売り込みである。だが「売り込み」は、かつて私が考えていたようにそれほど汚い言葉ではない。

若かりし頃の私は、売り込みとは、巧みな操作と、十分な知識を得たうえで決定を下すために知っておく必要のある情報を相手に伝えないでおくことで、他人を自分の思いどおりにする営為であるという先入観を抱いていた。私には、そんな行為はどうにも不快に思われた。だが、その考えは問題なしとはしなかった。なぜなら、当時の私は、俳優業のかたわら、投資信託を販売して生計を支えようとしていたからだ。かなり長きにわたり、売れた相手は自分ひとりであった。それを買う余裕などほとんどなく、そもそもそんな状態だから投資信託を販売する職を手にしたのだ。だが売る際には、自分が売ろうとしている商品に自信を持っていなければならない。私は誠実そうな表情をしながら、相手には私が必要としているもの（お金）があり、私には彼らからそれをもぎとるのに使える口上をまくしたてる能力があるという思いを抱いて、顧客になりそうな人にいつも会っていた。だがそんな態度では、にっちもさっちもいかなかった。顧客になってくれそうな人と話しているとき、私は、相手が何を考えているのか、感じているのか、聞きたいのかではなく、相手に何を話さなければならないのかを考えていたのだ。つまり、顧客ではなく自分に注意の焦点を絞っていたのである。

みじめな失敗を繰り返したあと、ある日顧客のほうから私のところにやって来たときに、私は突然目が覚めた。マッサージ師の彼女は、数千ドルを投資に回したいと考えており、私が販売している投資信託について聞きたがっていた。こうして初めて、誰かを手助けする機会が得られたのだ。何かを必要としているのは彼女であり、私ではなかった。突如として私は、彼女が感じていること、考えていることに関わり始めたのである。確かに優秀なセールスマンのほとんどは、他者が欲しがっているもの、必要としているものを手にできるよう援助するのが自分の仕事だと考えているのだろう。だが当時の私にとって、その考えは一つの啓示であった。

社会意識と共感戦略

セールスマンは、社会意識を動員しつつ売り込みを成功させようとする。「社会意識（social awareness）」という用語は、一九二〇年代にコロンビア大学の心理学者エドワード・ソーンダイクによって最初に使われたもので、科学ジャーナリスト、ダニエル・ゴールマンの著書にあるように、心の知能（emotional intelligence）の主要な属性の一つと見なされるようになった。ゴールマンは社会意識の概念を、第一に他者の心の状態に瞬時に気づく原初的な段階（共感）、第二に他者の感情や思考を把握する段階（「心の理論」）、そして第三に理解の段階、すなわち彼が言う「複雑な社会的状況を把握する」段階という三つの段階に細分化する。彼は社会意識を、「クライアントや顧客の、はっきりと口にされないことの多いニーズや関心を特定し、それを製品やサービスに適用する能力」と定義し、さらに「この共感戦略が、やり手のセールスマンと凡庸なセールスマンを分かつ」とつけ加えている。

私自身の経験や、これまで読んできたさまざまな研究論文から判断すると、共感は忍耐力の向上にもつながるようだ。それが正しければ、共感は、売り手にも買い手にも有益であるとゴールマンが言う「長期的ビジョン」を、やり手のセールスマンがとることを可能にしているのかもしれない。彼は次のように言う。

また社会意識は、顧客との関係を維持するために、目前の利益に走らず長期的な視点をとることを意味する。事務用品のベンダーを対象とするある研究でわかったところによれば、販売部でもっとも成績のよいセールスマンは、顧客の視点をとるという戦略と、買い手と売り手双方のニーズを満たすことのできる選択に向けて顧客を導くために、的確な自己主張をするという戦略をうまく組み合わせる能力を持つ。

興味深いことに、ゴールマンは自己主張をポジティブにとらえている。ただしそれは、自分が欲しいものを手に入れることを目的とする自己主張ではなく、顧客がほんとうに必要としているものを供給することを目的とする自己主張である。これは、すぐに利益が手にできるかどうかに関係なく、一方のパートナーが他方のパートナーを、後者の思いにあった、そして後者にとってもっとも価値のある結果が得られるよう導くという、親しい仲間同士の関係にも見られることではないだろうか？（パートナーに「あの会社の求人に応募したそうだけど、ほんとうにその仕事を一生続けたいと考えているの？　それとも給料がいいから？」と言う場合など）

親しい仲間同士の関係においてと同様、売り込みの成否は、セールスマンがクライアントの話に耳を傾け、彼らの思考や情動を理解していることを積極的に示すと改善されることが、いくつかの研究で示されている。それによって顧客の信用を勝ち取ることができ、本人の販売成績が上がるのだ。そしておそらく、売る側も買う側も満足が得られるだろう。そのような戦略を生まれつき自然に考えられる人と、経験を積むなかで発見しなければならない人がいる。しかし、そもそもそれがうまくできていない人のほうが多い。

なぜだろうか？　傾聴と利益のあいだに相関関係があるのなら、この関係は自然に強化されるように思われるかもしれない。しかしたいていの人は、他者の思考に意図的に注意を払うにはいつも以上の努力を要する。たとえそれが最愛の人であったとしても、そのことは当てはまる。それどころか、最愛の人と良好なコミュニケーションを保つのは、もっともむずかしいことであると、私は考えている。

カップル——真に積極的なリスニング

夫は床に自分のくつ下を脱ぎっぱなしにする。妻は四六時中財布を探し回っている。夫はいつも冗談を言おうとしてオチを忘れてしまう。そんな些細ないら立ちで、それまではうまくいっていた結婚生活が暗礁に乗り上げることがある。小さなイライラは蓄積しやすい。しかし研究者から聞いた話がほんとうなら、豊かなリスニングは、ちょっとした協調を生み、互いの摩擦をかなりの程度緩和してくれる。たとえば、夫が妻の家事を手伝えば、セックスの回数が増える。嘘ではない。

ジョージア州立大学のダン・カールソンらによる二〇一四年の研究によれば、「家事を平等に担当しているカップルは、セックスの回数がもっとも多い。月におよそ七・七四回である」。さらに、これらのカップルの得た満足の度合いも最高レベルだという。

しかし男性がこの結果を信用したとしても、彼らはいったいどの程度、この理論どおりに振舞うよう動機づけられているのだろうか？　アメリカを含め世界中で、平等に家事を担当しているのは、女性と暮らす男性のおよそ三〇パーセントにすぎない。

なぜか？　今や多くの男性は、皿洗いが前戯であり得ることを心得ている。とはいえ、食器を眺めているだけで、茶碗を洗うことと結婚生活の悦楽のあいだに結びつきがあることを想像するのはそれほど容易ではない。

共感を持ち込んだらどうだろうか？　研究によれば、共感の度合いが増せば人々はより協力し合うようになる。

夫が流しに積み重ねられた皿の山を見渡して、「こいつをどうにかしなければならんのだろうな」と考えるだけでは、その思いに突き動かされて皿洗いをするかどうかはまったくわからない。それに対し、夫が流しの皿の山を見て、翌朝妻がその悲惨な光景を目にするところを想像すれば、つまり彼女の目を通して見れば、彼女がどう感じるかに気づき、この一瞬の共感が、彼に協力的な行動をとらせるだろう。もしかすると皿洗いが簡単なことであるかのように思え、協力しているという実感が湧くかもしれない。そしてその夜、何かすばらしいことが待っているかもしれない。たとえすばらしいことが待っていなくても、少なくとも損はない。

協力関係を損なう要因は他にもある。自分は絶対に正しいという響き、すなわち「自分の言うことに間違いはない。問答無用だ」と宣言するに等しい、勝ち誇った自滅的な声音だ。そこには、他者を迎え入れるのではなく部外者の地位に貶めるような響きがある。私たちは、ときに気づかぬうちにそのような声音で話す。相手の表情を見るまで（相手の顔に注意していればだが）、鼻先でドアを閉めるような真似をしたことに気づきもしないのである。声音は、言葉の意味そのものより致命的であり得る。注意して選んだ言葉が、破壊的なものになってしまうことがあるのだ。しかもたいてい、本人はそれを意識していない。

私は、カップルのコミュニケーションに関する種々の豆知識(ティップス)を読んだことがある。アクティブリスニング(相手の言葉を確かに聞いたということを相手に知らせること)や、相手の粗悪な態度を単に批判するのではなく、それを自分がどう感じたかに焦点を絞りながら「私は(I)」で叙述を始めるなど、有益な助言も多い。だが問題は、これらの豆知識のなかには、相手(や自分)の心のなかで何が起こっているのかに、あるいは自分の感情が声音に影響を及ぼしていることに気づいていないと逆効果になるものが含まれていることだ。

アクティブリスニングは、いともたやすく表面を取り繕った敵意に変わり得る。「その話はほんとうなの?」と単に言うのと、「ほんとう」を強調してこわばった顔でそう言うのとでは違いがある。豆知識が入用なら、敵意に満ちた態度で相手の話に耳を傾けてはならないと覚えておけばよい。しかし敵意の発露を意識的に避けながら、真のつながりを達成するのはむずかしい。特に意識せず自然に振舞うのでなければ、真のつながりは得られない。というのも、意識して自然な声を出そうとすればするほど、声音が余計に作られた響きを帯びてくるからである。私は役者としての経験から、喉頭ではなく脳の奥深くでほんものの声が発せられることを知っている。私は脳の専門家ではないが、ほんものの声、すなわちその言葉が何を意味するかを示す声の調子は、脳内の社会的な機能を司る神経回路に強く依存するのではないかと考えている。その種の声の調子は、特定の様態で発音しようとする意思より、相手との関係に強く左右されて生み出される。

私は即興クラスで、何度もそれを確認してきた。パートナーにうまく波長を合わせられると、意識のコントロールの及ばない、のどと顔の筋肉に影響が及ぶ。すると声音が変わり、表情が柔らかくなる。

それは本人がそうしようと意図したから起こるのではなく、他者とつながりふれあうときに自然に起こるのである。

機械的に社会的な対応をするよう訓練された人の声を聞けば、違いがよくわかるだろう。

一例をあげよう。私は、国内のどのホテルにチェックインしたときにも、客室係が万国共通の様式で宿泊客を歓迎するよう教えられているのではないかという無気味な感覚をおぼえる。「無気味」と言ったのは、彼らが必ずやロボットのような声で、「空の旅は快適でしたか?」「道中はいかがでしたか?」などと決まり文句を吐くからだ。ホテルに着いたとき、私の気分はたいてい上々である。ロボットが台本を読んでいるかのような、とても歓迎しているとは思えない声を聞くまでは。お決まりの言葉を使い、八方美人的な快活さを装うよう指示するより、顧客と真のふれあいをするよう客室係を訓練するほうがよほど有益ではないだろうか。それほどむずかしい話ではないはずだ。

チェックインは複雑な対人行動ではない。どうやって食器洗い機で皿を洗うかなどといった、微妙な含みや、水面下では人生を変えるほどの力を持つメッセージを帯びた、男女の繊細なやりとりとは異なる。

どうやら食器洗い機で皿を洗う作業は、カップルにとってうんざりするものらしい。食器洗い機のメーカー、ボッシュは、食器洗い機の使い方をめぐってユーザーの四〇パーセントが言い争いをしているという調査結果を発表している。言い争いの六一パーセントは、予備洗浄するか否かをめぐってのものだそうだ。皿を予備洗浄するかどうかをめぐって、それほど多くの人々が言い争いをしているようには思えないが、どうやらボッシュの主張ではそういうことらしい。また三九パーセントは、フォークとナイフの先を上に向けるべきか、それとも下に向けるべきかを言い争っているのだそうだ。これは私にも理解できる。食器洗い機にセットしたフォークの上に倒れこんで、けが人が出てもおかしくはない。さらに言えば三〇パーセントは、プラスチック製のコンテナを最上段に置くかどうかで言い争っている。そんなことをしている暇があるなら、何か趣味の一つでも持ったほうがよさそうなものだが。

この調査がどれほど厳密なものなのかはよくわからないが、間違いなく、日常のちょっとしたできごとでも、情動の爆発やすれ違いを引き起こし得ることを思い出させてくれる。

とりわけカップルにとって、コミュニケーションは非常に難儀なものになり得る。その多くが言葉では表現されないからだ。自分のほんとうの感情は表には現われていないと思ってはいても、両親は私たちの感情を読むことができる。だからこそ、自己や他者の情動を読み、うまくコントロールする能力を育む必要があるのだ。さもなければ、情動という活火山が噴火するかもしれない。

しかしそれは容易なことではない。習慣になるまで実践し続ける必要があるが、習慣になったとしても、どちらか一人だけでやっていたのでは、その人にとって重荷に感じられるだろう。私の友人に、即興クラスで「イエス、アンド」の効果を目のあたりにし、家で夫を相手にそれを実践しようとした女性がいる。

「二週間やってみました。うまくいったけど結局やめました」と彼女。

「やめた？　なぜやめたの？」と私。

「だって、それ以上は耐えられなくなったから」と彼女。

どうやら二人そろって実践しないと意味がないらしい。

『M＊A＊S＊H』と音楽で得た教訓

私は、TVシリーズ『M＊A＊S＊H』に出演していた一一年のあいだに、視聴者の前に立つときの心構えに関して、その後の人生を変える教訓を学んだ。シリーズが始まったとき、私たちは、何とかしてグループの結束を固める必要があると感じていた。ストーリーに登場する人物たちは、過労、酷寒、灼熱の暑さ、戦争の野蛮さが支配する悲惨な状況のもとでともに暮らしていた。家族のことより互いのことをよく知っている。そういう設定だ。だから私たちは、それまで互いに会ったことすらなかったにもかかわらず、親密な雰囲気を醸し出さねばならなかった。それを達成するための戦略を意識的に考案した者は一人もいなかったと思う。しかし私たちは、単純素朴なソリューションに引き寄せられていった。そしてその体験は、私たちを変えたのである。

撮影中、セットをそのままにした状態で長い休憩時間をはさむことがある。その間、出演者たちは楽屋に戻ってひとりで過ごすことが多い。それから撮影が再開される直前に集まって一、二回リハーサルし、本番の撮影に戻る。

しかし、私たちは違っていた。撮影の合間の時間はたいてい、輪になって椅子にすわり、笑い合っていたのだ。一緒にセリフを口にして下稽古しておくなど、有用なこともたまにはしたが、ほとんどの時間は笑って過ごしていたと思う。セットに呼び出され、サウンドステージを横切るあいだも、互いのつながりを維持していた。かくして撮影が始まっても、つながりは保たれていた。ただし本番では、台本どおりに言葉や情動を用いることで、それを表現しなければならなかった。このようにして得られたつながりは、私たちの人生に影響を及ぼした。これは、演技に備えるための、私が知る最高の方法であり、ひとりで楽屋にすわって、情動や記憶を喚起するよりはるかにすぐれている。

自分の殻から抜け出して自然体を保つためには、他の役者たちと触れ合う必要があった。舞台で演じるときはつねに、直前に共演者を集めて一時間ほど一緒にすわるようにしていた。すると数分以内に、愉快な空気が醸し出された。人は笑うとき、構えた態度を捨てて他者を迎え入れる。そして舞台にあがったときにも、役者同士のチャンネルは開かれたままで保たれ、共演者のすることは何であれ自分に効果を及ぼす。巣にかかった餌食のわずかな動きにも反応するクモのようになるのだ。だが秘訣は、笑いそのものではなく、つながりにあると私は思っている。

私の考えでは、音楽の演奏も、その種のつながりを確立することで強化される。

ある日私は、クラリネット奏者のスタンレー・ドラッカーと妻のナオミ・ドラッカーと食事をともにしていた。スタンレーはほぼ六〇年にわたり、ニューヨーク・フィルハーモニー管弦楽団で演奏していた。入団したときは、彼が最年少の団員だった。そして最年長の団員として引退した。ナオミはアメリカン・チェインバー・アンサンブル〔室内合奏団〕の創始者で、ニューヨークフィルと演奏することもたびたびある。

「演奏しているあいだに、聴衆に注意を払うことがありますか?」と私は訊いてみた。

スタンレーはうなずきながら、「そうすると、とてもいいことがあります」と答えた。聴衆にわずかでも注意を払っていることを知って、私は少し驚いた。

「どのように注意を払っているのですか?」と私。

「顔を見るんです。聴衆が集中しているのがわかれば、とても役立ちます。ときにそれは、チャレンジにもなります。彼らが真剣に集中して聴いていると、私は〈そんなに私の演奏を気に入ってくれているのか。ならば、最高の演奏をお聴かせしようではないか〉という気分になるんです」とスタンレー。二人で笑っていると、ナオミが「ときに聴衆の目を見るのは、ほんとうに有益なのですよ。すると彼らは私を見て微笑みます」と言った。

どうやら役者と同様、演奏家も、共演者ばかりでなく観客ともダイナミックな関係を結ぶ場合があるらしい。

偉大なチェリスト、ヨー・ヨー・マは、これから聴衆に聞かせようとしている演奏にどれほど神経を集中させていても、立ち止まって楽団員にあいさつし、手を振り、抱擁し合い、冗談を言い合う。それからおもむろに椅子にすわり、一瞬目を閉じてから、楽団員とのつながりを保ちつつ演奏にとりかかるのだ。

ヨー・ヨー・マは、私たちのワークショップに参加している科学者と同様、聴衆が何を受け取っているのかに注意を払っている。彼は雑誌『リッスン』でのインタビューで、「次の二つのことを念頭に置く必要があります。〈ストーリーは何か?〉と〈あなたはそのストーリーのどこにいるのか?〉です。(……)そしてそのストーリーが忘れられないものになるのは、私が大切にしているものが他者の心のなかにも生きており、それが受け取られるからなのです」と述べている。そして私たちが科学者に自問するよう促しているのと同じタイプの問いを自らに投げかける。「誰がそれを受け取っているのか?」「あなたは誰か?」「なぜあなたはこの演奏に耳を傾けているのか?」「なぜ関心があるのか?」「関心を持ってしかるべきか?」などである。彼は次のように言う。「これらの問いは、驚くほど重要なものであるにもかかわらず、音楽の世界では、おそらくあまり探究されていません」

私は、世界中から音楽の才能にあふれる青少年を集めて開催されているサマーミュージックスクール、パールマン・ミュージック・プログラムで、バイオリニストのイツァーク・パールマンと妻のトビーとともに、まさにそのような心構えを持つことの効果を目のあたりにしたことがある。子どもたちは、演奏前に曲目を紹介する際に、聴衆に向かって話をするのが不安だとトビーにいつも語っていたのだそうだ。だから彼女は、私たちが科学者を対象にやっていることが若い音楽家にも有効ではないかと考えて、子どもたちを教えるよう私を招聘(しょうへい)してくれたのである。私はその申し出に興奮を抑え切れなかった。というのも、数時間の即興トレーニングを行なっただけでも、聴衆の前に立つ不安がわずかでも緩和されることを確信していたからだ。それは別としても、即興が音楽の分野でも有効かどうかを知りたいと密かに思っていたこともある。

私たちは、キャンプの巨大な食堂でクラスを実施した。そこには、およそ二〇人の若い音楽家と、観客としてワークショップの様子を見物し、参加者の演奏を聴きたいと考えている教職員や生徒の一団が集まっていた。

私は参加者に、自分の楽器を持ってきて、これから演じる曲目について一分ほど話してから最初の三二小節を演奏するよう求めた。ひどく内気な参加者もいた。とりわけ一三歳くらいに見える韓国出身の少女はそうだった。それでも彼女は尻込みせず、即興ゲームが始まると、それに積極的に参加した。

即興ゲームでは、皆で輪を作り、何もない空間から架空のオブジェクトを作り出して順次手渡しながら一周させるよう言った。ちなみにこのゲームは、科学者を対象としたワークショップでも行なっている。次に参加者は、架空のボールを投げ合った。その際、ボールを受けた生徒は、投げた生徒が想定しているものと同じサイズと重さのボールを受けなければならなかった。このゲームをするときにはつねに言えることだが、参加者がゲームに長けれは長けるほど、投げ合っているボールがあたかも見えるように感じ始める。参加した生徒は、観察し合い、互いの動きに呼応し合うだけで、つまりつながり合うだけで架空のオブジェクトが実際に出現してくるのを見て楽しんでいた。

それから私は、ボールではなく情動を投げ、輪を一周させるように言った。最初は誰も意味が理解できないようだった。そもそも存在しないボールを投げて輪を一周させよという指示でさえ十分に不可解なのに、今度は感情を回すよう指示したのだ。困惑している彼らにゲームを始めさせるために、私は、喜びを伝えると自分が考える動作で、その感情を隣に立っている女の子に投げた。彼女の課題は、架空のボールを受け取ったときと同じ方法でそれを受け取って、私が想定している情動を真似、次の人に渡すことである。こうして情動は輪を一周し、すぐに若い音楽家たちは、自然に情動を表現して投げ合うようになった。

次の課題では、単に情動を投げるだけでなく、その前に別の情動に変えなければならなかった。つまり、受け取った情動を真似たあと、まったく別の情動に変えて次の人に投げねばならなかったのだ。次の人がどうとらえるかは誰にも予測できなかったが、とにかく情動を受け取り、表現し、何か別のものに変え、さらに次の人に渡すことが期待された。たとえば、ある生徒は悲しみを受け取り、それを表現することで呼応し、怒りに変え、それを次の人に投げ、さらにその人はそれをとめどない笑いに変えたのである。

誰かから何かを受け取って別のものに変えるというプロセスは、即興ゲームにあってももっとも印象深い経験の一つになる。それは、創造性が発揮される喜びに満ちた瞬間とも言える。架空のオブジェクトをいじったり、特定の情動を表現したりしているうちに、それらが別の何かに突然変わってしまうのを目のあたりにするのだ。そしてその際、意図的に何か新しいものを作り出すのではなく、他者が与えるものを受け取り、それに自分の身体を貸すことで、何か別のものが生み出されるのである。

ある意味で、若い音楽家たちは「イエス、アンド」を実践しているとも見なせる。他者から渡されたものを受け取って、別の何かに発展させるのだから。参加者は、その流れを断ち切ってはならない。他者から渡されたものをもとに、新たなものを築いていく必要がある。赤信号を点灯して流れをとめるのではなく、青信号を灯さなければならないのだ。

次に、科学者を対象にしては試すことができず、今回是非やってみようと思っていたゲームにとりかかることにした。まず私は、楽器を持って輪になるように言った。今回は、参加者は楽器を使って情動的な音を出さなければならなかった。情動あふれる曲を演奏するのではなく、バイオリン、ビオラ、チェロなどの弦楽器を使って、醜い音であろうが何であろうが情動的な音を出すこと、つまり一種の抽象化された情動を楽器で表現することが求められたのである。

なかには、どうしても既存の弦楽曲から特定の情動に結びついた断片を抽出して演奏しようとする生徒もいたが、そのたびに私は、単に音を出すというこのゲームのルールを思い出させるようにした。

すぐに彼らは、隣の人から情動を受け取り、変化させ、楽器を使って新しい情動を次の人に投げ渡すようになった。こうして怒りの音が愛の音に変わり、さらに嫌悪の音に変わっていった。私は、かくして楽器を使って情動を投げているうちに、自分の身体を使うことで生じた変化や自発性の感覚が、やがて何らかの形で現われるかどうかを確認したかった。

だがその前に、言葉を使ったゲームをすることにした。そもそも、若い音楽家たちが舞台にあがったときに、聴衆に向かってこれから演奏する曲について言葉で説明できるようトレーニングしてほしいと依頼されたのだから。

そこで私は、誰かが無意味な言葉で何かを売り、他の参加者が、ボディランゲージと声音だけを手がかりに何が売られているのかを推測するゲームをさせた。

また、パートナーが好きな本や映画について語る、その話し方だけを手がかりに、その人と自分の情動的な関係を推測するゲームをした。

参加者のなかでもっとも内気な韓国出身の少女も、機会があるごとに進んでゲームに参加していた。

こうして三時間が経過したあと、最初の三二小節を演奏したのである。韓国人の少女は輝いていた。今回彼女は、喜んで観客の前に立っているように見えた。のみならず、全員がリラックスして演奏に臨み、諧謔を交えて曲目を紹介する生徒すらいた。しかし私にとって（嬉しい）ショックだったのは、ほぼ全員がより自由で喜びに満ちた様子で曲を演奏しているように見えたことだ。自分に都合よく解釈している可能性があるので、私はイツァークに訊いてみた。

「子どもたちの演奏が少しばかり良くなったように思えるのですが、気のせいでしょうか？」

すると彼は、「向上しているよ。彼を除いてはね」と言い、その子どもを指して「彼は最初から驚くほどうまかったからね」と答えた。

私の満足度は、二〇点満点中の一九点だった。

至るところで即興

もちろん、人生そのものが即興である。次に何が起こるかは誰にもわからない。人生という舞台で出会うパートナーは、いつも変化球を投げてくる。「もう我慢できない。もっと広い家が欲しいの」「われわれは、きみの仕事をアシスタントに任せようと思っている」「ぼく、大学には行かないよ。入れ墨をして、アフリカに行くんだ」などといった具合に。

読者は、「自分には、そんなことは起こるはずがない」と思っているだろうか？　いや起こり得る。というより、それが人生というものだ。

大学をやめたいと言う息子と会話を続けるのは実にむずかしいが、頭に銃をつきつけて何かを要求してくる輩に対応するのはもっとむずかしい。私の友人ラリー・ゲルバートは、そのような目に遭った。ラリーは、『M＊A＊S＊H』がスタートしてから四年のあいだに放映されたほとんどのエピソードのすばらしい脚本を書いており、私が知るもっとも創造的で共感力の高い人物の一人である。しかし、彼の共感力がもっとも顕著に際立ったできごとが一つある。

ラリーはある日、夜遅くなってからビバリーヒルズにある自宅に帰ろうとしていた。すると茂みから一人の男が飛び出してきて、彼に銃をつきつけてきた。この男は、金でも宝石でも、家のなかにあるものなら何でも欲しがっていた。そしてラリーに玄関のカギを開けるように言った。

ラリーは男を家のなかに入れた。そのとき彼は何と言っただろうか？「こんなことをしたらだめだ」「どうしてこんなまねができるんだ？」「こんなことはばかげている」などと言ったのだろうか？だが、そうは言わなかった。

ラリーはこの若い黒人、というより実のところ黒人の子どもを見て、「こんなことをする必要はないよ。きみは頭がいい。仕事を探すのを手伝ってあげようと、私が言ったらどうする？」と言ったのだそうだ。おそらく会話はもっと長かったはずだが、ラリーから話を聞いたとき私は仰天してしまったので、それだけしか覚えていない。

こうして黒人の子どもは銃をしまい、翌日ラリーは彼に職を見つけてあげた。

しかし、この種のストーリーは問いを提起する。若い黒人とつながり、彼が何を感じているのかを感じる能力をラリーが持っていたのは、ただ運がよかったからなのか？ラリーに高い共感力が備わっていなかったなら、事態はどうなっていたのだろうか？私たちは、もって生まれた共感力で我慢しなければならないのだろうか？

科学者を対象とする私たちのワークショップは、良好なコミュニケーションの核心には他者に対する深い気づきがある、という考えを一つの大前提にしているばかりでなく、私たちは、共感力を向上させることが可能であると信じている。

しかし、共感は持つか持たないかのいずれかだったらどうだろう？もって生まれた共感力は一生変わらないのだろうか？ それとも向上させ深めていくことができるものなのか？ 共感力は、トレーニングすれば高められるのだろうか？

私はヘレン・リースに会ったおり、情動を測定する装置に患者と一緒につながれたとき、自分の仕事における共感の重要性に気づき、その経験に促されて、より高い共感力をもって患者に接するよう他の医師を訓練することを決心したという話を聞いた。

それについて、私には二つの質問があった。「いかにして、それを実現したのか？」、そして「それはうまくいったのか？」である。

第11章　医師の共感力を高める

ヘレン・リースは、それまで患者の情動の浮き沈みを見逃していたことを悟ると、その経験を通して、彼女自身の患者との関わり合い方や、他の医師に患者との接し方を教える方法を変えた。

彼女の話によれば、まず始めに、学習によって共感力が高まるという事実を医師に理解してもらわねばならなかった。共感は持ったり持たなかったりするようなものではなく、私たちのほとんどは、それに必要な心のハードウェアを備えて生まれてくる。そう彼女は主張する。

ヘレンは、「私はまず、医師に共感の神経科学を紹介します」と言う。つまり彼女は、他者の思考や感情を受け取るために、私たちの脳がいかに配線されているのかを医師に教えているのだ。それから彼女は次のように言って私を驚かせた。「どこの大学の医学部でも、それが教えられていないのです。つまり〈心の理論〉が存在するということも、私たちには、一種の心のタイムトラベルをして他者の心に入り込む能力が備わっているということも教えられていないのです」

セラピストには、患者の心に入り込むことは治療の大前提だと見なされている。ヘレンの指摘によれば、理論家でもある精神科医のハインツ・コフートは、「共感なくして治療はない」と言ったのだそうだ。セラピストに共感の必要性を説く論文は無数にある。ところが彼女が訓練している医師にとっては、共感が医師の商売道具であるという考えはまったく聞き慣れないものなのである。いまだに黒い小さなカバンを持ち歩いている医師に、共感力が備わっているとはとても思えない。

感情的共鳴——情動の共鳴

共感という道具を使いこなすために必要となるカギは、他者が何を経験しているのかをミラーリングする脳の能力を行使することにある。ヘレンが指摘するように、「観察者の脳に一時的な共有、つまりマッピングが形成されます。この一時的な共有が、進化の歴史を通じて私たちの生存を導いてきたのです。それは感情的共鳴には必要なものなのです」

私は、感情的共鳴の意味を理解するのに少し苦労した。彼女の説明によれば、それは、たとえば「相手の目を見ることで」、あるいは「自分の無意識的な身体の動きを相手の身体の動きにシンクロさせることで」、他者とともにいることができると感じられる、つながりの感情を意味する。彼女は、「私たちは誰かと波長を合わせるとき、これらのミラーリングの機能がほぼ自動的に作用する」と言う。ある意味で私たちは、情動的に共鳴し合い、情動を共有しているという感覚を持つことができるのである。

クラスでは、ヘレンは医師に、隣にすわっている人に向けてストーリーを語らせることで、この概念を紹介している。ひとたび彼らがその課題に没頭すると、「あなたがストーリーを語りかけた相手は、それに興味を持ったと思いますか?」「どうしてそれがわかりましたか?」と尋ねることで、つながりに対する気づきを表面化させる。医師はたいてい、相手がうなずいたから、アイコンタクトをとったから、ジョークを言ったときに笑ったからなどといった理由で、相手が自分のストーリーに興味を持ったことがわかると答える。彼らは、自分の話に耳を傾けられるという経験をし、自分に耳を傾けている人の反応に、より深く耳を傾けられるということに気づくようになった。このエクササイズは、私たちが即興セッションで行なっている「この関係は何？」ゲームを思い起こさせる。このゲームは、第5章で紹介したように、科学者が自分の仕事を誰かに説明し、態度だけを手がかりに自分が想定している、相手と自分の関係を推測させるというゲームだ。このゲームの焦点はつながり、すなわち他者の心を読むことにある。

患者の視点

医師を相手に患者との話し方を教えているとき、ヘレン・リースは、私には少しばかり異様に聞こえることを口にした。患者に「何がその問題を引き起こしていると、あなたは思いますか？」と尋ねることで、患者の視点に立つことを推奨したのである。

この行為は奇妙に思われる。だがその方法は、それによって患者とのふれあいを深められると感じている医師のあいだでは、かなり以前から行なわれていたらしい。彼女と会ってから数週間が経過した頃、私はある小児科医と話をした。そのとき彼女は、医学部在学中に教授から聞いたエピソードを語ってくれた。次のような話だった。

「教授は、患者の話にいかに耳を傾けるべきかを教えていました。それによると、彼が駆け出しの医師だった頃、誰にも原因がつきとめられない非常にむずかしい症例があったのだそうです。彼はいわば見習いの立場だったので、〈自分を指導している医師たちが皆、原因を解明できないのなら自分にできるはずはない。そう考えて、ただ患者と会話をしてどこが悪いと思うかを本人の口から聞き出すことにした〉のだそうです。だから、この患者に〈誰にも原因がつきとめられないことは知っていますよね。あなたは、自分のどこが悪いと考えていますか?〉と尋ねたのです。すると患者は、自分の症状についてしばらく考えてから、〈先生、たぶんマラリアだと思います〉と答えました」。何らかの理由で、この患者がマラリアにかかっていると考えた医師は一人もいなかったのだそうだ。

そして、このエピソードを私に語ってくれた小児科医は、微笑みながら「それで検査したところ、実際にマラリアであることがわかったのです」と言った。

患者の視点をとることを、ヘレン・リースは認知的共感と呼ぶ。認知的共感力は、医師が患者と情動的に共鳴するために、まず必要とされる非常に重要な能力である。彼女によれば、情動的な共鳴は、相手がリラックスして自分と接しているかどうかを知らせてくれる。相手が何を感じているかを感じとることは、自分が何を感じているのかに基づく。なぜなら、ヘレンが指摘するように、「人と人のつながりは、たいてい双方向的なもの」だからだ。

自己統制

このようなミラーリングの感覚を生むのに脳のどの神経回路が関与しているのかにかかわらず、医師は、患者の情動に飲み込まれて、「情動の底なし沼」にはまってしまうのをなんとしてでも避けなければならない。それには自己統制が必要である。相手の情動を自分自身の内面で認識することで、相手が何を経験しているのかを知ることができる。しかし、相手の情動に基づいて自分自身が行動する必要はない。自分の感情を統制する責任は自分にある。

さらなる共感トレーニング

研究論文をさらに読んでみると、即興に類似する手法を用いて共感について教えている科学者は、ヘレン・リースだけではないことがわかった。ボストンカレッジの心理学者タリア・ゴールドスタインとエレン・ウィナーは、演技のトレーニングを施すことで学生の共感力が向上するかどうかを知りたかった。役者は自分自身を他者の立場に置く必要があるので、彼女らは、演技の経験によって共感力と「心の理論」の発達が見込めるのではないかと考えたのだ。

この仮説を検証するために彼女らは、一方は小学生を、もう一方は高校一年生を対象とする二つの実験を行なっている。これらの実験では、被験者全員に、トレーニングを行なう前と行なったあとで共感と「心の理論」の標準化されたテストを受けさせ、トレーニングの効果を測定している。

実験の結果、効果があることがわかった。

演技のトレーニングを受けた小学生と高校生は、共感テストのスコアが向上した。また伸びは、小学生より高校生のほうが大きく、高校生は共感テストのみならず「心の理論」のテストでもスコアが伸びた。音楽や視覚芸術など、他の芸術のトレーニングが施された比較対照群の被験者には、そのような改善は見られなかった。つまり、演劇のトレーニングのみに効果が認められたのだ。

他の研究でも同様の結果が得られている。即興や演技一般のトレーニングは、他者の心の状態につながる能力を測定するための標準化されたテストで成績の向上をもたらしたのである。

しかし、この結果は日常生活にも当てはまるのだろうか？　私はこの問いに多大な関心があった。共感力を向上させるべく医師をトレーニングすれば、彼ら自身が共感テストでよい成績を収められるようになるばかりでなく、彼らが診ている患者の健康の改善にもつながるのだろうか？

その答えは「イエス」だ。

患者が医師のコミュニケーションスキルにいかに反応するかを調査した一二七の研究のメタ分析によって、「共感と関心を示すこと」「疾病とその治療に関して情報を提供すること」「意思決定に参加するよう患者を促すこと」は、結果に真の違いをもたらすことがわかった。また、これらの患者は「コミュニケーション能力に劣る医師が診ている患者に比べ、投薬、ダイエット、エクササイズ、検査に関する医師の勧告に従う可能性が一九パーセント上昇する」ことがわかった。

そして、患者の健康にも顕著な改善が見られている。たとえば糖尿病患者を対象にした研究では、担当医師の共感力を高く評価する患者は、コレステロール値や血糖値が改善するという結果が得られている。インフルエンザにかかった患者は短期間で回復する。また、かぜでさえ長引かず、ひどくは感じられない。

他の研究にも当てはまるが、性別も結果に影響する。二三の研究のメタ分析によって、女性医師は男性医師に比べ、一〇パーセントほど長めに患者を往診し、心の状態に関する質問をより多くする。女性医師に診てもらっている患者は、より熱心に医師と対話をする。彼らはよく話し、自身の健康状態に関する情報をより多く医師に打ち明ける。

他の研究にも当てはまることだが、この種の研究結果は、女性が非言語的な手がかりをつかむのに長けているという観察事実と何か関係があるのかもしれない。しかし概して言えば、性別にかかわらず、共感を表現する医師は、より良好な結果をもたらす。

さらに言えば、医師も恩恵を受けるという報告がある。ある研究では、年長の医師が共感を示すと、病院内で一種の「情動の伝染」が生じ、誰もの気分が向上するという結果が得られている。

そのように言うと、「共感は万能薬である」と主張しているかのように聞こえるかもしれない。だがいずれにしても、共感には強い効果がある。医療ミス訴訟に関連してさえ、そう言える。共感は、かなりの程度その件数を減らすのだ。

私に「微笑み除去手術」をした例の歯科医から受け取った手紙のことは、今でもよく覚えている。手紙のあらゆる文章に彼の懸念が見て取れた。私がどう感じているかを懸念しているのではなく、私が訴訟を起こすかどうかを心配しているのだ。自己防衛の姿勢としては、それは特に異常なものではない。というのも、長きにわたり弁護士は医師に、医療ミスの問題が生じたときには、「否定し自己弁護」するよう助言するのが常だった。だが、この助言は大して功を奏していないらしい。医療ミス訴訟の多さは変わっていないからだ。

弁護士は現在でも、医師にそのような助言をしているのかもしれないが、それとは異なる、適切なコミュニケーションを基本とするアプローチをとる病院も現われるようになってきた。数年前、ミシガン大学は、医療ミスを犯した医師に、それについて患者と話すよう（過ちを認め謝罪するよう）奨励するプログラムをスタートさせている。弁護士の観点からすると、後悔を示すこと自体が過ちなのだが、六年以内に、訴訟は二六二件から八三件に減っている。

イヴォンヌ・カプラン＝リス

このような、個人的なつながりの利点に関する報告は数十件ある。これは無視するには多すぎる数だ。だが、もっと共感力を高めるようただ医師を促せばよいなどというものではない。共感を教えるには、それに熟達したコミュニケーターが必要になる。その一人がイヴォンヌ・カプラン＝リスである。

イヴォンヌ・カプラン＝リスは若い頃、人並外れた経歴を追っていた。かつて子役だった彼女は、映画『アニーホール』（米・一九七七年）にちょい役で出演し、九歳の頃にはブロードウェイミュージカル『アニー』の主役のオーディションを受け、アンドレア・マッカードルの次点になっている。ティーンエイジャーになると医療を受ける必要が生じ、医師に「最新の」手術を受けるよう勧告された。彼女と両親は、「最新の」が「最善の」を意味すると考えて、手術を受けることに同意した。しかし彼女たちは、その言い回しが、子どもを対象にしてはそれまでほとんど行なわれたことのない手術という意味で用いられていたことを知らなかった。要するに、「最新の」は、「比較的新しい」ことを意味するにすぎなかった。

以来三〇年間で二一回の手術を受けなければならなかった彼女にとって、それはお粗末なコミュニケーションの何たるかを学ぶ端緒になったのである。

イヴォンヌはジャーナリズムを専攻し、一時期ジャーナリストだったこともある。それから医学の道に転じ、小児科医になった。現在彼女は、アメリカ中から医師を集めてトレーニングを施している。俳優、ジャーナリスト、医師、そして何度も手術を受けた患者としての経験を生かし、イヴォンヌはたぐいまれなる話者になっている。彼女はある日、白内障患者の治療に携わる麻酔科医から、「詳細を説明することから始めてはなりません。まず結論を言うべきです。〈心配することはありません。これからあなたを楽な気分にします。痛みを感じることはありません〉などと言うのです」というイヴォンヌの助言を講演で聞いて実践方法を変えたという主旨の手紙を受け取った。

麻酔科医の手紙によると、「それまでは、麻酔をかけてよいかどうかを患者に尋ねたあと、すぐに仕事にとりかかっていました。綿密に準備していたので、万事怠りなしと感じていました。〈他に誰がそこまでするだろう？　何とみごとな仕事ぶりか（……）〉などと思っていたのです」。

手紙は次のように続く。「今では、まず〈私は麻酔科医です。あなたが安心して楽な気分でいられるようにするのが私の仕事です〉と言うようにしています。神に誓っても構いませんが、私がそう言うと、患者は目に見えてリラックスします。くわしいことを話し合うのはそれからです」

この麻酔科医は、手術チーム全員に患者に対する話し方を変えるよう求めたのだそうだ。イヴォンヌは彼女からの手紙を読んでくれた。「たとえば、かつては〈顔に覆いをかけます〉と言っていましたが、今では〈目を保護するために、この光を遮るカバーをかけますね〉と言うようにしています」

それからイヴォンヌは私を見て、目を輝かせながら「どちらを聞きたいと思います？ 〈これから目を保護します〉？ それとも〈これからあなたの顔に覆いをかけます〉？ 私は後者のような言い方を二一回聞きました」と言った。

言葉ではなく経験

この麻酔科医の例のように、折に触れて、たった一言のアドバイスが深甚な効果を発揮することがある。だがイヴォンヌは、言葉だけに頼っているわけではない。彼女と私たちのスタッフは、経験を通じて医学部生をステップバイステップで導いていくゲームやエクササイズを考案している。言葉は考え方を教えてくれるが、私たちの考えでは、自分を変えるには経験が必要である。それは「語るのではなく示せ」という、作家に対する賢明な助言にも似ている。しかしそれだけではない。聞くだけでなく実行せよ。そして変われ。これが私たちの助言である。

豆知識

個人的にはあまり好みではないが、豆知識（ティップス）がときに役立つことは認めざるを得ない。私が適切と思う豆知識をいくつか紹介しよう。

〈三つに関する三つのルール〉

1．講演をする際、私は要点を最大でも三つに絞るようにしている（聴衆は三つより多くのことを覚えられないし、私もそうだ）。それどころか、主旨を一つに絞ればなおよい。しかしそれには限界がある。

2．むずかしい考えを開帳するときには、なるべく三つの方法で説明することにしている。最初の二つの方法では理解できなかった人も、三つ目の方法で理解できるかもしれない。理解のための三角測量を可能にするとも言えよう。

3．要点を強調したい場合、少し言い方を変えて三度繰り返すことにしている。

いくつかの豆知識が役立つらしいということはわかった。しかし私の考えでは、経験によって強化されておらず、生き生きとしたストーリーに裏づけられてもいなければ、その効果は薄い。かつて私は、良好なコミュニケーションを行なうための豆知識を一覧にしてくれと頼まれたことがある。だが躊躇した。最終的に三つほどたたき出したが、あまりにも皮肉っぽかったので提出しなかった。以下にあげておこう。

1．豆知識に注意せよ。豆知識は頭で考えたものが多く機械的だ。あなたを変えたりはしない。あなたを変えるのは知識ではなく経験だ。私はかつて、ある道路を車で走るとき速度制限の標識を無視していた。ある日の午後、違犯切符を切られて以来、速度制限の標識を無視しなくなった。

標識は豆知識、そして違犯切符は経験だ。

2．聴衆と個人的なつながりを持つべし。目を見て、見知らぬ大勢の人々ではなく親友であるかのごとく彼らに向かって話すべきだ。もちろん、この豆知識を読むだけでそれを実行するのは不可能である。あなたを変えるのは経験だ（豆知識1参照）。

3．できれば即興を経験するとよい。即興は、相手に集中するよう導いてくれる。即興ゲームをすれば、大勢の前で話すことに関するあらゆる豆知識がたいてい身につく。無理やり感が消え、話が機械的でなくなるのだ。豆知識では一般に、話のテンポを変えるようアドバイスしている。即興は、聴衆との一体感を劇的に高めるので、話のテンポが自動的に変化するようになる。考えることなく、それができるようになるのだ。そもそも効果を期待したければ、考えていてはならない。即興の経験をもとに効果的な態度を自然に身につけるのではなく、豆知識に頼ろうとすると、実のところ話がぎごちなくなる。文章を二つか三つ話すごとに豆知識を適用しようとして話者が考え込むような、ぎごちない講演を聞いたことがあるのではないか。話者が考え込んでいるあいだ、空気は死んでしまう。それに対し、即興のトレーニングを受けた話者が休止するときには、何か意味のあるものが生じる。彼らが話の合間に休止をはさむのは、聴衆を見て彼らが自分の話を理解しているかどうかを確かめ、次に言うべきことを考えるためである。かくして休止期間は、彼らと聴衆のあいだで生じる何かで満たされる。だから彼らは生き生きとしているのだ。

もちろん、即興クラスに参加したり、マインドリーディング講座を聴講したりする機会は、誰もが持てるわけではない。だから私は、その種のトレーニングを一人でできないか思案していた。つながりの感覚が鈍ってきたら、それにてこ入れすることができないだろうか。

私は、「一人で実践しても有効なエクササイズはないだろうか？」と無邪気にも思った。しかし、自問しているだけではどうにもならない。そもそも私は実験が好きだ。だから、すぐに一連の変わった冒険に関わっていった。

第2部
相手を読む能力を高める

第12章　私は実験室のラット

共感エクササイズのテスト

私には自分自身を実験台にする習慣がある。

二〇代の頃、私は「体温は、一日を通じて上下する」という考えにとりつかれていた。それをテストするために、数か月間体温計をポケットに忍ばせ、どこにいようと一時間ごとに自分の体温を測っていたことがある。ミーティングをしているとき、同席者が、私が口から体温計を突き出しているのを見て奇異に思ったのも無理はない。

マインドリーディングの実践方法を自分自身で考えようとし始めたときにも、同様の偏執的な熱にとりつかれた。共感力や「心の理論」の能力を改善することができないか試してみたかったのだ。他者とふれあう能力を強化するための、一種の個人的なジムを求めていたのである。

私は、街路を歩く人、店員、タクシードライバーなど、見知らぬ人の表情を読むことから始めた。彼らの頭のなかに入って、彼らがそのとき発した言葉、ボディランゲージ、声音が、いかなる動機や意味に基づいているのかを知ろうとしたのだ。

かくして私は、人々の話を傾聴し、さまざまな問題について意見を訊いた。ちょっとした出会いでも、相手の目を通してものごとを見ようとした。

私は、どこへ行ってもそれを実践していた。口から体温計を突き出して歩き回るより目立たないとはいえ、偏執的である点に変わりはない。だが驚いたことに、そのような態度は、次第に自分に影響を及ぼし始めた。自分の声音や表情が変化してきたのかもしれない。何かが変わりつつあるように思われた。というのも、他者の態度が変わったからである。

ある日私は、コロンバスサークル〔マンハッタンにある円形広場〕でタクシーを拾おうとした。一台のタクシーが目の前に止まり、助手席の窓を開けて「どこまで?」と訊いてきた。自分が乗る前に運転手がそのように訊いてきた場合、こちらの指定する場所が気に入らなければ乗せるつもりがないことを意味する。これは法に反する。私は二〇代の頃しばらくタクシードライバーをしていたので、遠隔地まで客を乗せて行くことがいかに面倒なものかを知っている。午前二時のブロンクスで、雪の吹きだまりにはまった車を発進させるのに苦労したこともある。それでも乗客の指定する場所ならどこにでも行った。それが私の仕事であることを心得ていたからだ。だからタクシーの運転手に乗る前から行き先を訊かれると、運転手を思いやったりはせず、怒りに駆られて「私は今からそこへ行くんだよ。だからあんたも行けるはずだ!」と心のなかでののしりつつ、黙って立ち去るのが普通だった。

しかし今回は、私は運転手の目を見た。そこに敵意は認められなかった。「シフトが終わったばかりで、帰宅しようとしているところなのか」と思った私は、突然共感が湧いてくるのを覚えた。住所を教えると、運転手は乗せてくれた。タクシーに乗るのにオーディションを受けなければならなかったことに憤慨しなかった自分に驚いていたが、そのうち運転手に「あの交差道路の名前は何?」と訊かれた。またしても一触即発の危機だ。「こんなところには来たことがない。その私があの交差道路の名前など知るはずがないだろう?　それを知るのは、私ではなくあなたの仕事ではないのかね?」と言いたくなってきた。普段の私なら、ここで怒り心頭に発するところだ。しかし今回は、アイフォンを取り出して地図を開き、「調べてみよう」と言った。私たちはチームメートになりつつあった。それから次のような会話が繰り広げられた。

運転手:ありがとう。もう三〇分もトイレを我慢しているんだ。
私:それなら、八六番地で降ろしてくれればいい。あとは歩いて帰る。
運転手:いやいや。あなたは親切な人だ。運転手に気を遣うお客さんは初めてだ。あなたが行きたい場所まで連れて行くよ。
私:いや、いいんだ。数ブロック歩けばいいだけだから。

今や私たちは、協力のし合いに酔いしれていた。

私:ここを曲がったら、あなたは四ブロック戻らなければならなくなって、貴重な五分を失ってしまう。
運転手:いやそれでも構わない!　あなたは親切な人だ。あなたを玄関まで送り届けるのが私の仕事なんだから。

結局彼を止めることはできず、玄関まで送り届けてもらった。彼は私のために自分の膀胱を犠牲にしてくれたのだ。そもそもタクシーを拾わなければよかったと思った。

私はそれからしばらく、共感エクササイズを実践しないようにしていた。この一件が非常に疲れるものだったからである。しかし、その決意はそう長くは続かず、少しひねりを加えて再び実践するようになった。相手が何を感じているかを推測するだけでなく、それを「名指す」ために、相手の顔を見るようにしたのである。「名指す」とは、相手の情動の表出と自分が考えるものに、心のなかで言葉を割り当てることを意味する。情動を名指すことには、ただそれを眺めるだけでなく、自分が見たものを適切に言語化する意識的な努力が求められる。この作業は、私に注目すべき効果をもたらした。まず、たとえ最初はつまらないと思っても、相手の言葉に、より集中して耳を傾けていると感じられるようになった。第二に、安らぎの感覚、いわば平和な感覚が生じるようになった。このように言うと奇妙に聞こえるかもしれないが、少なくとも誰かに自分の膀胱を犠牲にさせるようなことはなくなった。

平和な感覚とはおそらく、単にリラックスしているということなのかもしれない。いずれにせよ、思うに他者が表に出した情動を名指せば、それに焦点を定め、より快適に相手と話ができるようになる。他の人も同じことを試みれば同様な経験が得られるのだろうか？　そもそもそれによって私の共感力はほんとうに高まったのか？　実は、これらの問いについては何とも言えなかった。わざわざそんなばかげた実験に貴重な時間を割く研究者はいないだろうし。そう思っていたのだが……。

共感を高める方法としての情動の名指し

自閉スペクトラム症を抱える子どもに即興を教えている科学者マット・ラーナーと話をしているとき、私は彼に、即興クラスに参加せずに同じ効果が得られる方法を、つまりある種の独力でできるエクササイズを探していると語ったことがある。それから、他者が何を感じているかをよく考え、心のなかで名指していることを次のように話した。

「私は一日中そうしています。通りを歩いている見知らぬ人や、デリカテッセンのレジ係を相手にして。彼らが感じていると思しきことに焦点を絞って、それを名指すのです」

「心のなかで?」

「そう、心のなかで。それを名指すことは、私にはとても重要なことであるように思えるのです。そうすることで、相手に対する私の態度が変わります。つまらないことばかりしゃべっている人や官僚的に振舞う人に対して、以前より辛抱できるようになりました。私は、彼らが何を考えているかではなく、何を感じているかをつきとめるようにしています。何を考えているかは明らかですから」

「相手が自分の考えを口にしているから?」

「そうです。相手が〈この書類にサインしてください〉と言えば、その人が何を考えているかは明らかです。しかし、その人の心のなかでどんな情動が生じているのでしょうか? もちろんそれをつきとめたからといって、相手に対する私の同情が深まるわけではありませんが、より的確に応対することができるようになります。言ってみれば、いら立ちを刈り取ることができるのです。それに関して一つ奇妙なことがあります。会話中にそれをすると、私の表情に何かが起こるようなのです。なぜそれがわかるかと言うと、相手の表情が変わるからです。つながりが強まったように感じます。もちろんそれは主観的な感情なので、ほんとうにそんなことが起こっているのかは確かめようがありません。しかし私には、そうすると違いが現われるように思えるのです」

マットはしばらく私を見てから、「それは作り話なの?」と訊いてきた。

「そうかもしれません」と私。それから長い間合いを置いたあとで、私は「それに関して、あなたには何か思い当たるふしはありませんか?」と尋ねてみた。

彼の答えは「それは私が考えていることでもあります」だった。ここで再び長い間合いが入る。「それは、臨床心理士をトレーニングするときに私たちが行なっていることに関係します。私たちのあいだでよく話し合うテーマの一つに、治療同盟(therapeutic alliance)があります。これは、セラピストとクライアントの結びつきを意味します。カール・ロジャースのアプローチは、そのすべてが共感に基づいています。それに依拠して熟考したり、治療における結びつきを確立しようとしたりします。私たちは相手が何を感じているのかを把握し、それを口に出すことで応じます。治療同盟を築くときに重要になるのは、セラピストが〈あなたにとってそれはとても苦痛でしょう〉〈おお! それはほんとうにすばらしい〉などと言うステップであると、私たちはつねに考えています。しかし実のところ、最初にしなければならないのは、〈これを何と呼べばいいのか?〉と心のなかで自問することです。だから断定的にならないようにし、ポジティブな姿勢を維持するためには、自分に対する相手の感情について心のなかで自問することから始めなければなりません。私はこの考えが気に入りました。そう考えたことはありませんでしたが、これは非常に賢明なエクササイズだと思います」

「賢明な」とは何とすばらしい言葉だろうか。そう思った私は興奮し始めた。他者の情動の名指しによって、実際に共感が高まるのかどうかを確かめることなどできるのだろうか？　そう思った私は、その種のことをどうやって研究するのかを尋ねてみた。

マットは、その案を一つ手短に説明してくれた。次のような方法だ。スマートフォン用の特殊なアプリを被験者に渡す。他者の情動を読んで、名指した際にはつねに、それを使ってその内容を打ち込んでもらう。そして、この作業を一週間続けさせる。また被験者には、アプリ使用前と使用後に共感を測定する標準化されたテストを受けてもらう。マットはしばらく考え込んでから、「自分でやってみたいな」と言った。

私はそのとき、心のなかで彼の情動を評価し、「熱狂」と名指した。私のそれは「過度の喜び」だった。私は、この名指しゲームがほんとうに機能するのかどうしても知りたかった。だからマットに、その研究をするにはどれくらいの資金が必要かを尋ねてみた。彼はしばらく考え込んでから、おおよその見積もりを答えてくれた。私は、その程度の金額であれば自分で出すことができ、わざわざ彼が何か月もかけて助成金申請書を書く必要はないと思った。とはいえ、本書にその結果を書きたくなりそうで、実際にそうしてしまうと、製薬会社がポジティブな結果しか宣伝しないのにも似て、中立性が損なわれるのではないかとすぐに思い直した。しかし、それについて数週間考えあぐねた末、マットは科学者として、正しさの証明と同程度に大きな関心を、誤りの証明にも向けるだろうという考えに至り、また、いかなる結果が得られようと、つまり効果なしという結果が得られて私の「賢明なエクササイズ」がみじめな失敗に終わっても、その事実を本書のなかで報告しようと決意した。

実のところ、私は次のように考えていた。「失敗の報告は、それはそれで乙なものだ。私は、失敗した実験にも大きな敬意を抱いている。なぜなら科学者は、そうやって何が機能しないかを知ることができるからだ。失敗した研究も、もっと注目を浴びてしかるべきだと思っている。他の研究者が同じ袋小路に迷い込むのを防いでくれるのだから。だからたとえ失敗に終わったとしても、それを報告することには意義がある」

こうして私は、研究が失敗しても、それには公共サービスとして意義があると考え始めていたのである。しかも、研究はまだ始まってさえいなかった。「芸術同様、科学においても、失敗を重ねてこそいずれ成功を手にすることができる。誰もがそれに気づくべきである。私の考えが間違いだとわかったとしても、喜んでそれについて報告しよう」

とにかく当時はそう考えていた。

私の脳を科学に貸し出す

私は、ストーニーブルック校のガレージに車をとめてから、マットが迎えに来てくれるのを、木陰に立って三〇分ほど待っていた。

すでに彼のチームは、厳格な実験手順を考案していた。私は、この実験で被験者がいかなる体験をしているのかを確認しに来たのである。つまり、私も被験者になるのだ。ただし、その結果がどう出ようと、研究のデータにはならない。というのも私には、当の研究と利害関係があるからだ。

もちろん私は比較対照群の被験者になるわけではないが、通常の被験者とできるだけ同じ条件で実験に臨めるよう、二週間ほど他者の情動を名指す試みをやめていた。

数分後、手を振りながらこちらに向かってやって来るマットの姿が見えた。彼はタミー・ローゼンを紹介してくれた。タミーは、この実験の考案を手伝った大学院生だ。被験者としての経験が損なわれない程度に、実験について知っておきたいと思い、研究室に向かって歩きながらいくつかの質問をした。

これまでに何人くらい実験に参加したのかと尋ねると、「四五人志願者がいて、二〇人終わったところです。それが終わったら自閉症患者を対象に実験を行なう予定です」という返事が戻ってきた。

「調子はどうですか?」と私。

「とてもおもしろいです」とマット。

「ほんとうに?」と私。「『おもしろい』という言い回しは、肯定的でも、否定的でもあり得る。

「今あなたに多くを語るべきではないのかもしれませんが、刺激的な結果が得られています」とマット。

「刺激的な」という言い回しは、間違いなく肯定的だ。それ以上質問するのは控えたが、私も少しばかり興奮を覚えた。もちろん、厳格さを信条とする彼は、得られた結果が決定的でありさえすれば、ネガティブなものでも興奮するだろうとも思った。しかしそれでも、私は彼の言った言葉を肯定的に解釈することにした。科学的とはとても言えない態度だが、その思いには逆らえなかった。

研究室に着くと、タミーは私を小さな部屋に案内してくれた。そこで私は、自分の病歴について報告したあと予備テストを受けた。「Bに対してAであれば、Cに対しては何が該当するか?」「このパターンで抜けているものは何か?」などといったテストである。私はこういったテストが好きだ。というより異常なほど好きで、闘争心を燃やして一番の成績を収めようとする。だから予備テストを終えるまでに、通常の二倍の時間をかけてしまった。

次に、スタッフは私にEEGキャップを装着した。その際、効率的な電気的接触を得るために、先のにぶい物体で頭蓋を数回つつかれた。やがて私は、頭からワイヤーを生やしたロボットのようになった。「サイエンティフック・アメリカン・フロンティア」の司会を務めていた頃、何度かEEG装置を使って科学者に自分の脳波を計測してもらったことがある。しかしいずれも、共感をテストすることがその目的ではなかった。だから今回はまったく新たな経験だった。それからスタッフに導かれながら部屋を横切り(ワイヤーがはずれないようにしなければならなかった)、防音室に入ってすわった。そのなかで私は、同じフレーズが種々の情動的な響きで発せられた録音を聞かされた。幸福そうな響き、怒りを帯びた響き、悲しそうな響きなどだが、どんな情動かが私には識別できないものもあった。私に与えられた課題はそれらの情動を名指すことだ。そのあとで、それと同じ範囲の情動を表わす顔写真を見せられ、それを特定しなければならなかった。おもしろいテストだったが、ときに混乱を感じ、「この人は何を感じているのだろうか?」と思うことがあった。そのとき私は、これまで考えていたほど自分の共感力は高くはないのかもしれないと、ふと思った。

まだ予備テストを終えただけにもかかわらず、私は疲れ切っていた。これから七日間他者の情動を読んで名指す試みを行なったあと、翌週には、それによって私の共感力が向上したかどうかを確認するために同じテストを受けなければならなかった。

タミーは私のスマートフォンに特殊なアプリを組み込んだ。このアプリを使って、誰かと五秒以上やりとりするごとにレポートを送り返すことができた。そのとき相手が何を感じているのかを読んで、画面に表示されているいくつかの選択肢からもっともあてはまる情動を選ぶか、もしくはもっと詳しい情報を入力することができた。

家に帰るとすぐ、妻のアーリーンと話をして彼女の表情を読んだ。彼女はしばらくすると、話の途中で私がスマートフォンを取り出すのに慣れるようになった。翌日の昼食時には、私は娘の一人と彼女の家族を相手に同じことをした。彼女たちは、研究についていくつか質問してきた。私がスマートフォンを取り出し、「あなたたちが感じているのは〈興味津々〉だね」と言いながらそうタイプすると、おもしろがっていた。私はと言えば、その作業に夢中になっていた。

二日目の夜、登場人物が何をしゃべったかを一言一句思い出せるほどリアルな夢を見た。のみならず、私は眠っているあいだに、夢に出てきた人物(つまるところ私の心の内部の私)の心のなかに入ったかのように、自分の行動を振り返ることができた。この夢についてアーリーンに話すと、彼女は微笑みながら、「あなたは情動を読むことに心を奪われているんでしょ」と言った。彼女は正しい。何しろ私は、眠っているときにも誰かの情動を読んでいたのだから。自分の情動でさえも。

ある夢の中で、私は見知らぬ数学者の家を訪ねた。するとこの数学者は、二人の政治的見解が異なるので、白熱した議論ができるだろうと冗談めいたことを言った。その言葉に対し私は、「いや。私は自分とは違う見解を持つ人たちの意見を尊重しているんだ。それらは理解の陰と陽だ。現実世界は、いくつかの対立し合う見方から構成されているのだから」と答えた。私は、方程式を用いてその点を説明しようとさえした。長く無意味な見解をまくし立てていると、彼の顔が転がり落ちるのが見えた。そして夢のなかの私が、「あなたは彼に対して自分の心を開かず、その代わりに講義をしていた」とつぶやくのを耳にした。あれだけ他者の情動に注意を払っていても、夢にはそれほど効果がなかったということだ。「あまり興奮しすぎるな」と自分の無意識が警告しているのではないかと、私は思い始めた。この研究の結果は、期待していたようなものにはならないかもしれない。そう思ったのだ。

一週間後

私は今度も早めに研究室に着いた。他者の示す情動の名指しを一週間実践したあとで、自分の共感力がどれほど高まったのかを早く知りたかったからだ。再びEEGキャップを装着して共感テストを受けた。それからマットと一緒に椅子にすわって結果を見た。一週間前に比べ共感スコアが若干落ちているのを目にしたとき、胃のなかで小さな石ができているような気分になった。マットはこの結果を気にしていないようだった。彼は結果を見て、それがいかなるものであろうと満足していたのに対し、私はと言えば、「自分の賢明な思いつきでノーベル賞をもらうことはあきらめたほうがよさそうだ」と悟り始めていた。彼は私に、実験はまだ続いており、すべてのデータが揃うまでは結果を覗き見るようなまねをしないよう十分に注意を払っていると告げた。したがって、すでに実験が終わった被験者のデータもまだ整理していないらしかった。しかも、私は一介のオブザーバーにすぎなかった。いずれにせよ、ストックホルムは遠かった。

マットの話では、自分の情動を読むのが苦手な人は、他者の情動を読むことにも困難を覚えるのだそうだ。どうやら私も、自分の情動にもっと気づくようになるべきだったのだろう。

正規の被験者を対象にした実験ではもっとよい結果が出ることを願いつつ、私はマットの研究室をあとにした。まだ望みはあった。というのも、「心の知能」研究の開拓者ダニエル・ゴールマンが、「集中力を研ぎ澄ませれば研ぎ澄ませるほど、それだけ鋭敏に他者の心の状態を感じ取れるだろう」と書いているのを、数日前に何かで読んでいたからだ。被験者たちは、集中力をいつもより研ぎ澄ませて一週間を過ごすに違いない。だから多少は共感力が高まっているはずだ。そう私は思っていた。

だがそうは問屋がおろさなかった場合でも、興味深い仮説を検証しようとしてそれが間違いであることを示した実験について記事が書けると考えて、自分を慰めることにした。それは人類の役に立つのだから。言い換えると、私は少しばかり憂うつな気分になっていたということだ。

情動を名指す——それはほんとうに機能するのか？

「もしかすると、自分は非常にばかげたことをしているのではないか？」と思い始めた矢先、マットからEメイルが送られてきた。中間結果が出たらしい。

一一月の寒い冬の日の朝、彼のオフィスに到着したとき、玄関はまだ閉まっていた。冷たい風に吹かれながら二〇分ほど立っていたあとで、違う建物の前にいることに気づいた。電話で彼を呼び出すと、数分後に角を曲がって笑いながら彼がやって来るのが見えた。オフィスに向かうあいだ、私はオフィスの住所よりは正しく実験結果を把握できれば、などと思っていた。

オフィスに入ると、どうやら私の顔には、どうにも吉報が待ち切れないといった表情が浮かんでいたらしい。

というのも次のようにマットが言ったからだ。「まず、これは中間結果であることをはっきりさせておきましょう。まだすべての被験者をテストしたわけではありません。だから、この結果は絶対的なものではないことを心得ておいてください」

「わかりました」と私。それから会話は次のように続く。

マット：標本の数は十分です。少なくともいくつかのパターンが見え始めました。そのなかには私を驚かせたものもあります。

私：どんなパターンですか?

マット：幸運なことに、ほとんどの被験者が課題を実際に遂行してくれました。ただし報告回数は、人によって大きなばらつきがあります。週に二回しか報告してくれなかった被験者もいれば、一三二回も報告してくれた被験者もいます。（……）平均すると四八回です。一日一回の報告でも私は満足したでしょうが。

それからマットは、実験の概要について語ってくれた。被験者は三つのグループに分けられた。第一グループの被験者には、会話の相手の情動を心のなかで読み、スマートフォンを使って名指すよう、また第二グループの被験者には、相手の髪の毛の色をスマートフォンに入力するよう指示した。第三グループの被験者は、誰かと話したときに、その旨を報告するだけでよかった。

マットは続ける。「私は、被験者に対する要求の程度が、第一グループから第三グループへと段階的に弱まっていくものと考えています。これまでに確認されたところでは、第三グループより、第一グループと第二グループのほうが改善の度合いが大きいようです。最初の二つのグループは、より積極的な行為が求められている点を思い出してください。話している相手に注目してほしいと求めているのですから。どちらのグループも、ただ誰かと話したことを報告しさえすればいいだけの第三グループに比べ、改善の度合いがはるかに大きいという結果が得られているのです」

したがって、より積極的に他者を観察するほうが、一週間後に行なった共感テストでよりすぐれた成績を収められたということになる。

また、この発見は別の発見につながった。「これにはほんとうに驚いたのですが、まずこのグラフを見てください」と言いながら、マットはグラフを取り出し、「ログイン回数は、人によって大きなばらつきがあります。ここで、〈同じことをしていても、ログイン回数の多い人は、少ない人よりすぐれた成績を上げられるのか?〉という疑問が浮かんできます」と続けた。

「つまり、一週間で一三二回誰かの情動に注意を払った人は、（……）二回しか払わなかった人に比べ、共感テストの成績がよくなるのか、ということですね?」と私が尋ねると、彼は「まさにそのとおりです。そして答えは〈イエス〉です」と答えた。

求められたことを実践すればするほど、被験者の成績は上がったのだ。これは「用量反応関係」と呼ばれる。しかしそれは、相手の情動や表情に注意を払った被験者にのみ見られたのである。

注意を払うことの恩恵

それからマットは、データにそれとは別のパターンを発見した。最初彼は、情動を特定することと髪の毛の色に気づくことが、二つのまったく異なる心の状態であると想定していた。しかし、類似していると考えられないだろうか？ つまるところ第一グループと第二グループは、第三グループとは違うことを、つまり相手に注意を払い何かに着目するよう求められていた。

マットは言う。「ここで、〈単に他者に注意を払う態度から特別な何かが生じるのか？〉という問いが浮かんできます」

その答えは「イエス」だった。

彼が指導する大学院生カーラ・キーファーは結果を分析して、故意に注意を払うことで、共感の一つの側面である、他者と情動的につながっているという主観的感覚、マットの言葉を借りると「他者の感情に影響されているとどの程度感じるか」が向上することを見出した。一週間が経過して、一週間前に行なわれたテストのスコアを教えられずに、他者の感情にどの程度影響されたかを尋ねる問いに答えた被験者のスコアは、向上していたのである。

それに加え、コミュニケーションの双方向性に関して興味深いパターンが見られた。誰かに話しかけられたら、私たちはその人に注意を向けなければならない。他者に注意を払うことを実践した被験者のあいだでは、このコミュニケーションに向けての準備が促進された。カーラが第一グループと第二グループから得られたデータを合わせたところ、これら両グループの被験者は、相手に注意を払う準備がより迅速に整うことがわかった。マットはそれについて次のように述べている。「この初期の、(他者に注意を払うという) 社会的知覚の必須のプロセスは、(実験の) 一週間後にはより迅速に起こるようになったと考えられます」

まさに自分の望んでいた結果が得られたように思えたが、必要以上に自分に都合のよい解釈をしていないことを確かめたかった。だから私は、できるだけわかりやすい言葉で説明するようマットに求めた。マットの回答は次のようなものだった。「要するに次のことが言えます。情動に気づきそれに注意を向けることは、(筋肉を使うように) 毎日実践していれば、たった一週間で、他者の情動を正確に読むその人の能力を高めると考えられます。また、ただ他者に注意を払っているだけでも、相手と情動的なつながりを感じられるようになり、さらには相手とのやりとりにただちに集中する能力が身につくようです」

したがってコミュニケーションを行なう相手に積極的に注意を払うべしとする考えは、直感に訴えるだけでなく、この小さな実験の結果に鑑みれば、実践する価値のあるものだということがわかる。

インターネットを検索すれば、この考えがうまく機能するかどうかを試すことのできる単純なテストが見つかるだろう。

第13章　ひとりで共感力を高める

「まなざしから心を読む」テスト

イギリスの心理学者サイモン・バロン＝コーエンは、「まなざしから心を読むテスト」と呼ばれる、共感力を測定するテストを考案した。このテストの被験者は、情動に駆られた人々の写真を見せられ、それが指定された四つの情動のうちのどれに該当するかを選ぶ。非常に単純だ。ただしその写真には、目しか写っていない。だから、微妙な情動が提示されているケースでは、どれに該当するかを選択するのはそれほど簡単でない。

エモリー大学の研究者たちは、このテストを用いて、瞑想を実践することで他者の表情をもとに情動を読む能力が向上するかどうかを検証している。被験者は「まなざしから心を読むテスト」を行なったあと、半分は瞑想のトレーニングを受け、もう半分は一般的な健康に関する講義に参加した。それが終わったあと、両グループとも、もう一度「まなざしから心を読むテスト」を受けた。瞑想のトレーニングを受けた被験者のスコアは、受ける前に比べて四・六パーセント上がっていた。瞑想のトレーニングを受けなかった被験者のスコアは変わらなかったとはいえ、私には、この数値はあまり大きいとは思えなかった。興味深いことに、被験者が目を読んでいるあいだにｆＭＲＩ（機能的磁気共鳴画像法）で撮影した画像は、共感に関与すると考えられている脳領域に活動が見られる可能性が高まることを示していた。この研究は小規模のものだが、同様な研究をもっと行なうべきであることを示唆するに十分な結果が得られている。そこで私は、自分自身を実験台にして、さらに小規模な研究をすることにした。

被験者が一人しかいない研究は研究とは言えないことくらい、自分でもよく心得ている。そもそも私の場合、一時間ごとに体温を測った例の実験同様、常軌を逸した心的態度と言ったほうがよいのかもしれない。とはいえ、それが私のスタイルであり、今回もそれにこだわることにした。残念ながら、もっと安ければ絶対に購入するつもりだが、わが家にはｆＭＲＩ装置などない。だから、「まなざしから心を読むテスト」を用いて結果をチェックするに留めておくことにした。

「まなざしから心を読むテスト」は、オンラインで誰でも受けられる。私もそれを利用した。非常におもしろいテストだ。さまざまな情動を示す三六枚の画像が表示されたが、私はそのうちの三三問に正解することができた。私はこの結果に失望した。というのも、これから一、二週間瞑想を実践したくらいで、このスコアがさらに伸びるとは思えなかったからだ。おそらくすでに最大値に達しているのだろう、と思った。

瞑想

他にも些細な障害があった。瞑想のやり方を知らなかったのだ。本で読んだ瞑想方法に関する記述のほとんどは、強い宗教的、もしくは神秘的な色調に彩られていた。私にとっては、それらはいずれも理解不可能か、受け入れがたいものであった。チャクラの恩恵を列挙することから始まる本もあった。チャクラが何を指すのかがよくわからなかった私には、「チャクラの中枢は、私たちが通常〈私（me）〉としてとらえている心的／情動的／身体的エネルギーフィールド内に備わるモーターのようなものである」などといった記述を読んでも、何の役にも立たなかった。それは、私が「私」としてとらえているものとは違う。

私は自分の肝臓を見たことがないが、チャクラよりは自分にはそれが備わっていると信じられる。別にチャクラを信じている人を攻撃したいのではなく、単に自分にはとても信じられるものではないということだ。

だから私は、瞑想を実践していて、私にわかる言葉でそのやり方を説明してくれる人の助けを借りる必要があった。つまり私は、世俗版の瞑想を必要としていた。

それについて友人と話しているうちに、私がすでに、世俗版の瞑想の実践者を二人知っていることがわかった。一人は女優のマーロ・トーマスで、もう一人は最高裁判事のスティーブン・ブライヤーだ。二人は住んでいる世界が互いにまったく異なるが、彼らから学ぶのは理想的だった。

マーロはベテラン女優（女優には共感力が必要である）であるばかりでなく、資金集めにかけては国内でも指折りのやり手の一人である。彼女とスタッフは、セントジュード小児研究病院のために一年でほぼ一〇億ドルの資金を集めた。それだけの金額を集めるためには、彼女は卓越したコミュニケーターになって、病院が行なっている研究の科学的側面について説明し、資金提供者の心と欲求を理解してそれらに訴えかけねばならなかった。商品の売り込み同様、資金集めは、自分ではなく買い手のニーズを念頭に置いておかなければ成功しない。

他方のスティーブン・ブライヤーは、判事としての裁定には共感が必要だとはっきりと主張する。彼はあるインタビューで、「あなたが判事で、一日中コンピューターの画面の前にすわっていたなら、あなたの裁定によって影響を受けるはずの他者の生活がいかなるものかを想像することが重要になる」。私との会話で彼は、「自分の決定が他者にいかなる影響を及ぼすかに気づくことは、法に対する顧慮を損なうものではない」と明快に述べてくれた。私は、彼がむしろ、「適度の共感は、法を強化し、より大きな善へと導いてくれる」と感じているのではないかという印象を持っている。彼が次のように言ったとき、私は自分の印象が裏づけられたと思った。「法や法的決定が人々に及ぼす現実的な影響を自分の心に思い描く共感の能力は、判事にとっては必要不可欠の資質であるように思われる」

だから私は、誰かから瞑想を学ぶとすれば、マーロとスティーブン以上にふさわしい人はいないと思ったのだ。そこで私は個別に二人と話をした。二人のレッスンはともに短く要点をついていた。それは「呼吸に注意を払え」である。それがほぼすべてで、他には集中が途切れたときに、どうやって呼吸に集中し直すのかについて短いアドバイスがあったくらいだ。いずれにしても私は、毎朝二〇分間、静かにすわって呼吸に集中することに決めた。そして数週間が経過した後に「まなざしから心を読むテスト」をもう一度受け、共感力が向上したかどうかを確認することにした。

そうこうしているうちに、他者の情動を名指す方法を思い出させるコンテンツをオンラインで見かけた。

共感力を高めるためのトレーニングを医師に施している心理学者ヘレン・リースが、私が始めたのと同じような方法で、心のなかで他者の情動を名指すことで共感力を高められると主張するTEDトークを見つけたのである。そこで彼女は、次のように述べていた。「誰かと一緒にいるとき、情動を名指してみましょう。〈ジャックは気が動転しているのだろうか？〉〈ジェーンは有頂天になっているのだろうか？〉などといった具合に。（……）そうすれば、相手の言うことが違って聞こえてくるはずです」。これは、私の提案とほぼ同じである。さらに彼女は、それによって違いを生み出すことができると主張しているのだ。だから私は、情動の名指しを続けることにした。

また、有望なエクササイズは他にもあった。

ヘレンはTEDトークで、相手の目を凝視することの重要性、および見られる必要、そして見られていることを知る必要があることを語っていた。凝視は私たちを変える。

この考えには共鳴できる。というのも私は、講演をしているときに聴衆の目を見ることが重要であるのをよく知っているからだ。ただ聴衆を眺め渡すのではなく、聴衆のなかの誰か一人の目をとらえてその視線を数秒間保つのである。そうすると、私とその人のあいだに何かが起こる。そのとき私は、用意してきた言葉をただしゃべるのではなく、実際に誰かに語りかけている。そしてその結果、私の声の調子は、より私的で直接的なものへと変わる。さらには、相手の表情の暖かさに鼓舞される。

オキシトシンと結束

私は論文を読んで、凝視が、コミュニケーションに重要な役割を果たす、脳の化学反応に影響を及ぼすということを知った。過去数年間に刊行された数百本の論文が、オキシトシンと呼ばれる分子と、それが私たちに及ぼす効果について論じている。そのなかには、特にそれを凝視と関連づけている論文もある。

オキシトシンは、その人が他者をどの程度信頼し親密な絆を結ぶかに影響を及ぼす。ときにオキシトシンは、「愛のホルモン」という過度に単純化された名称で呼ばれることがある。（少なくとも私にとって）非常に驚くべき研究によって、飼い主がイヌの目を凝視すると、飼い主とイヌ双方のオキシトシンレベルが上昇することが示されている。オキシトシンレベルの急激な上昇は、他者を信頼しようとする意欲全般を高めるのだろうか？　その答えは私にはよくわからない。だが、親密な絆を結ぶためのさまざまな指南のなかでも、配偶者とのコミュニケーションを改善するために、愛情をこめて飼い犬の目を凝視すべしなどという方法ほど変わったものはなかろう。とはいえ、他者や愛犬の目を凝視することには、親密な絆の形成に関わる何かがあるようだ。

日常の行動を通して共感のレベルを高める方法に関して、興味深い示唆がいくつかある。それには、単に直感に基づくだけのものもあれば、研究によって裏づけられているものもある。

たとえば、『サイコロジー・トゥデイ』誌に次のような助言が掲載されていた。「音を消してテレビを見ながら、登場人物が何を感じ、何を話しているのかを読むことで、非言語的な解釈能力を鍛えなさい。

それにはアクション映画より繊細なドラマが適している」。私は、それと似たようなことを随分とやってきた。たとえば、そのために北欧で製作された犯罪ドラマを見ていた。アメリカ産の犯罪ドラマとは違って、『刑事ヴァランダー』や『THE BRIDGE／ブリッジ』などのスウェーデン産の犯罪ドラマシリーズには、豊かな内面を持つ人物が登場する。悪漢でさえ、家族を気づかい、ときに不幸を嘆き悲しむ。私はそれらの犯罪ドラマを見ながら、一日に一時間ほど俳優の顔を見て情動を読み、内面の動きを推測しようとしていたのである。「誰がうそをついているのか？」「誰がほんとうにあやしく、誰がスウェーデン産の燻製ニシン（レッドヘリング）〔人を惑わすような情報〕なのか？」などと考えながら見ていた。スコアは、どれだけ早い時点でよこしまな人物を割り出せたかによって評価した。

奇妙な話に聞こえることは承知している。無益に思えるかもしれない。しかしやってみると実におもしろい。私にとって実践が困難なのは、共感力を高めるには、登場人物の内面を深く繊細に描くフィクション〔扇情的な金儲け主義的小説ではなく、堅実なすぐれた文芸作品〕を読むことだという指摘である。ちなみに研究では、文芸作品を読むことで、「心の理論」の能力も改善することが示されている。

この方法は有効だとは思うが、いかんせん私はフィクションを読むことには耐えられない。あまりにも苦手なので、無理にでも読むために、小説しか読まない読書クラブに入会したほどだ。さもなければ、科学や歴史の本ばかり読んでいることだろう。教養があり強い自己主張を持つ他のメンバーは、私のこの盲点が不可解に思えるらしい。

「なぜ小説を読むことが嫌いなのですか？」と彼らは尋ねる。

それに対して私は、「作り話だから」と答える。

すると彼らはたいがい、食器を並べながら黙って哀れみの目で私を見る。

もちろん、そんな私にも好きなフィクションはあるし、もっと読むべきなのは確かであろう。小説は、登場人物の立場に身を置いて、その人物が感じていることを感じ、見ているものを見ることで、内面に入り込む機会を与えてくれる。おそらくそのために、スティーブン・ブライヤー判事はプルーストを愛読しているのだろう。彼は『ニューヨーク・レビュー・オブ・ブックス』誌に、「プルーストにはすべてがある。人類のすべてが。さまざまな性格を持つ人物が登場するばかりでなく、彼らが示す情動や彼らが置かれた状況も千差万別だ。プルーストは人類普遍の著者であり、誰もの心に触れる」と語っている。

それが正しく、プルーストを読めば自分でも他者の心に触れることができるようになるのなら、私も意地を張らず読むべきだろう。というより、それもやってみることにした。

かくして私の瞑想の実験は、それとは関係のないさまざまな要因が混入する次第になり、実験の体をなさなくなってしまった。何しろ毎日私は、瞑想を実践し、心のなかで他者の情動を名指し、そばを通りすぎるイヌの目を凝視し、ドラマの登場人物の情動を読み、プルーストのマドレーヌのシーンや、「フローベールの」ボヴァリー夫人が苦悶するシーンを読むことに数時間を費やしていたのだから。

それから半年後、私は「まなざしから心を読むテスト」をもう一度受けた。前回は三六問中三三問に正解したが、今回はすべて正解した。もちろんそれだけでは何が証明されるわけでもないし、そもそもわが実験の信頼度は希望的観測といった程度のものにすぎない。それでも私は嬉しかった。共感力が高まったと感じさせてくれさえすれば、私にはなんでもよかったのである。

私は共感がコミュニケーションの核であると確信しているので、自分の共感力を高めたいと思っている。しかしそれは、共感が世にはびこる病を癒してくれると考えているからではない。それどころか、共感は私を不安にさせることがある。

第14章　共感の闇

バーナード・ホプキンスは四九歳になってもボクサーを続け、依然としてリングに上がって勝っていた。勝てたのはいつまでも頑健さを保っていたからでもあったが、『孫子の兵法』を学んだ彼は、対戦相手をパンチではなく戦略で負かしているとも言われた。彼は相手のやろうとしていることを予期して、裏をかくことができた。たとえば、前に出た相手の足に目を光らせ、それがマットからあがる瞬間をとらえ、次に何をしようとしているのかを知ったのである。

作家のカルロ・ロテラは、『ニューヨーク・タイムズ』誌に彼の人物評を寄せ、「相手の意図を読み、それをさせないことがホプキンスのやり方だ」と記している。つまりホプキンスは、相手の頭を殴るのではなく心を読むことで勝っていたのだ。有能なコミュニケーターのように、相手のボディランゲージを読み、その人が何を考えているのかを知ることができた。相手を攻める以前の段階で、相手の戦略を攻めることができたのだ。彼は、注意深く研究することでそれを実践していた。

彼の師とも言うべき孫子も、同様の考えを持っていた。孫子は次のように書いている。「敵と己を知れば、百度戦おうが、その結果を恐れる必要はない。己を知っても敵を知らなければ、一度勝つごとに一度負けるだろう。己も敵も知らなければ、あらゆる戦いに負けるだろう」

要するにホプキンスや孫子は、相手が自分をどうとらえているかに気づくことで、同情するのではなく相手を打ち負かそうとしているのである。

共感と「心の理論」は、同情とは異なる。他者の思考や感情に波長を合わせれば、必ず善き行動に至るというわけではない。共感には暗い側面がある。他者の心で何が起こっているかを知ることは、思いやりや絆をもたらす場合もあるが、必ずではない。それどころか、他者を屈服させるために用いることもできる。

ステレオタイプ化された見方では、共感はその人を軟弱にし、強い自己を保つためには捨て去らねばならないものとされている。しかし実のところ、強い自己を保つには、のみならず残酷になろうとするなら、共感は有用なツールになり得る。共感は必ずしも、本人を善人にするわけではない。

いじめっ子は、いかに人を傷つけることができるのかを、あるいは無力で弱いと感じさせることができるのかを本能的に知っている。あなたが何を感じているかを読み取って、あたかもあなたがバイオリンであるかのごとく、柔らかな琴線に触れて甘いソナタを奏でることができるのだ。

並の共感力を持つ人でも、過度の罰を課すよう簡単に仕向けることができる。一九七五年に心理学者アル・バンデューラの手で行なわれた古典的な実験では、被験者の大学生は、他大学の学生とグループ作業を行なうことを告げられた。それから、実験の一環として他の学生に電撃を加えなければならないと説明された。ところで、あるグループの学生は、実験助手が他の学生を「動物(アニマル)」と呼んでいるのを、また別のグループの学生は「立派な(ナイス)」と呼んでいるのを聞かされた。このたった一語の違いによって、前者の学生は高いレベルの電撃を加えたのだ。

だが共感の誤用を検証するために、わざわざ一九七五年にまで戻る必要はない。グアンタナモ湾収容キャンプからの報告によれば、そこでは心理学者が、「尋問」セッションで抑留者を無力に感じさせる方法について看守に助言していたのだそうだ。多くのケースでは、彼らは助言以上のことをした。

ある上院議員の報告によれば、「多くの人々が拷問と見なすセッションで用いる、〈学習された無力〉の理論を応用するプログラムを考案し実施するために、二〇〇六年から二〇〇九年にかけて、二人の心理学者に八一〇〇万ドルが支払われた。このプログラムに参加した心理学者の一人ジェイソン・ミッチェル（〈グレイソン・スウィガート〉という変名でも知られる）は、人が、自分ではコントロールできないできごとに反応して、受動的になったり、抑うつに陥ったりする状況〈学習された無力〉を扱った研究を調査した。そして彼は、そのような状態を引き起こせば、抑留者を協力させ、情報を提供するよう誘導することができると考えた」

二人の心理学者はセッションの実施と監督の両面で、抑留者の内面の理解を利用して彼らを情動的に無力化した。ただ心を読むだけでなく、内面に侵入してそれを破壊したのである。

いじめっ子や尋問者（心理学者でもあり得る）が共感を悪用するのは、それほど不思議なことではないのかもしれない。しかし、広く信頼を得ている大企業でさえ、倫理にもとる方法で共感を利用してきた。

アメリカの製薬会社メルクは、何百万もの人命を救う画期的な研究を行なってきたことを誇りにしている。しかしその名声が損なわれたことがある。一つの理由は、共感トレーニングを悪用したことによる。

二〇〇五年、米議会の委員会はメルク社の販売方法に関して記したメモを発行した。その一年前にメルク社は、卒中や心臓発作を引き起こす懸念があることが広く知られるようになった、バイオックスと呼ばれる薬品の販売を中止していた。しかしメモによると、バイオックスが安全ではないことを示す証拠が集まっていたにもかかわらず、その処方が数百万件も書かれていた。のみならず、訓練を積んだ三〇〇〇人の販売員を抱える同社は、「バイオックスのリスクの高さを示す自社に不利な研究（メルク社の資金援助を受けたものを含む）について販売員が口にするのを禁じた」。この報告で私の目をもっとも強く引いたのは、医師の信用を勝ち取ってこの薬品を使うよう説得する能力を築くために、意図的に共感のテクニックを利用したトレーニングを販売員に施していたことが詳細に書かれていた点である。

そこには、ボディランゲージについてこと細かく記されていた。メモによれば、「メルク社の販売員は、医師の手をどのくらい長く握るべきか（三秒）、医師と食事をするときのパンの食べ方（少しずつかじる）、自分に対する医師の信頼度を無意識のうちに向上させるために、いかに言語的、非言語的合図を用いればよいかを教え込まれた」のだそうだ。

「顧客を魅了する」と題するコースでは、販売員は、「目、頭、指、手、足、姿勢、表情、ミラーリングなどの非言語的なテクニック」に精通することが求められている。

ミラーリング。これは、コミュニケーションの基盤として私たちが教えているものだ。正しく用いられれば、医師が患者に応対する際に役立つ。

コースの指導者に向けて書かれたノートには、ミラーリングに関して「それは、言語的か、非言語的かを問わず、顧客の内面に入り込むのを助けてくれるパターンマッチングであり、相手の語りに適合する位置に自分を置いてくれる。そして、類似性という橋を築くことで、自分に対する相手の信用を無意識のうちに高めてくれる」とある。これは、売り込みのアドバイスとしては悪くない。しかし、自分の売るものが有害であることを示す証拠があがっている場合には、そうは言えなくなる。

メルク社は、九億五〇〇〇万ドルの罰金を支払っている。これで悪事が一掃され、メルク社がもとの賞賛すべき企業に戻ったことを願うばかりだが、議会の委員会が示したように、この一件には、広く信用されている企業でさえ過ちを犯し、それまでの名声が共感の闇によって曇らされる場合があることを見て取ることができる。

そのようなわけで、私は共感が万能薬であるとは考えていない。それは、善い目的にも悪い目的にも使えるツールなのだ。ハンマーを使えば、家を建てることもできれば人を殺すこともできる。一〇〇年前に放射能を利用できるようになって以来、私たちはがんを診断し治療するツールを手にしたが、やがて大都市を壊滅させる力も獲得した。

善い目的のために用いるツールとして共感を考える場合でも、その効用を過剰評価すべきではないのかもしれない。また、自己の利益のために共感を悪用する輩がいることも肝に銘じておくべきだろう。

心理学者のポール・ブルームは、共感に対して非常に暗い見通しを持っているようだ。その理由の一つは、それがつねに善い行為をもたらすとは限らないからである。彼の指摘によれば、早くも一八五九年、アダム・スミスは、物乞いの肌の荒れや疥癬に気づく「繊細な人々は、自分の身体の同じ場所にかゆみや不快な感覚をおぼえやすい」と書いている。これはある意味で、神経のミラーリングについて語っているとも見なせよう。

しかしアダム・スミスもポール・ブルームも、類似する感覚をおぼえたとしても、誰もが見知らぬ人の不幸に反応して行動を起こすとは限らないと考えている。実のところ私たちは、共感に駆り立てられると、自分がよく知る人々や、自分と何らかの関係がある人々に有利になるよう行動しがちなのだ。ブルームは、共感の高まりによって利他的な公共政策が促されるという見方に悲観的だ。その理由の一つは、顔の見えない多くの人々より、たった一人の犠牲者のほうが私たちに強い共感を喚起するからである。私たちは、井戸に落ちた一人の少女の苦難には多大な関心を寄せるが、数百万の飢えた子どもたちや、大量殺戮の恐怖に怯える子どもたちにはほとんど注意を払わない。ブルームにとって共感は、私たちが思っているほど御しやすいものではなく、理性と比べて道徳的な行動や善き公共政策を促すことが少ないのである。

おそらくこの見解は正しいのだろう。だが、バスタブのなかに赤ん坊がいることを忘れてはならない〔英語では、「大事なものを無用なものとともに捨てる」という意味で、「赤ん坊を風呂の水とともに捨てる」という言い方をする〕。有害なもののすべてを是正することができないからと言って、共感を捨て去るべきではない。共感は、有徳な生活への王道としての責任をそれに負わせることなくして、有用なコミュニケーションのツールとして用いることができる。いずれにせよ、人間の営為から共感が消えてなくなることはない。それは私たちの一部なのだから。

ブルームによれば、「私たちの心は、つねに井戸に落ちた少女に手を差し伸べようとする。それが人間性の尺度でもある。しかし、人間性の未来を考えるのなら、共感は理性に一歩を譲る必要がある」

そうかもしれない。

「井戸に落ちた少女」反応は、数百万の顔の見えない人々に資する理性的な政策から目を背けさせるかもしれない。しかし、そのような政策の必要性を周知させるのに役立つのは、焦点の絞られた、ある種の個人的なイメージであることも確かなのだ。

たった一つの人間的なストーリーでも、無味乾燥な数値を肉づけすることができる。

慈善は飢餓の問題に個人的な顔を与え、他国の飢えた子どもたちの姿に人々の関心を引き寄せる。慈善団体は、匿名の多数者に対する理性的な関心に訴えるのではなく、私たちに一人の子どもの写真を送ってくる。それに寄付すれば、その子どもからの感謝の手紙を受け取れるよう手配してくれることもある。これらの手紙のなかにはでっち上げられたものもあるだろうという疑惑によって、共感の流れがせき止められるようには思えない。

これらの訴えは私たちの一人ひとりに向けられたものであるが、そこに留まるわけではない。悲しみを具体的に描写することで、国民全体の注目を集めることができる。

二〇一五年の夏、数十万の人々が戦争から逃れようとしていた。シリアを脱出したある家族は、モーターボートでトルコからギリシアへ渡る手はずを整えた。しかし彼らを待っていたのはゴム製の筏(いかだ)だった。他に選択肢がなかったので、彼らはそれを使うことにした。やがて家族は高波を受けて海に投げ出され、父親は子どもたちの頭を必死につかんで溺れないよう水面に引き上げようとした。しかし彼が砂浜に漂着したとき、家族のメンバーで生き残っていたのは彼一人だった。三歳の息子アイランは、砂の上にうつ伏せになって死んでいた。彼を殺した海のへりがゆるやかに彼の頬をなでていた。一人の写真家がその姿を撮影し、その画像は数時間以内にインターネットを通じて世界中に拡散した。突如として移民は、統計上の数値ではなくなったのだ。アイランは彼らの顔になった。

アイランの家族を受け入れる準備を整えていた親戚が住むカナダの当局は、彼らの入国を拒否した。というのも、シリアでは入手することが不可能に近い、移民としての受け入れに必要な書類を持っていなかったからだ。すると当局には、もっと人間的な対応をするよう求める電話やメイルが押し寄せてきた。フランスでは、アイランの写真が拡散された日に、フランソワ・オランド大統領が、ドイツのアンゲラ・メルケル首相とともに、より多くの移民を受け入れ、二八の加盟国に分散するよう欧州連合に求める提言をした。彼は、「ヨーロッパは、一連の原理と価値観によって成り立っている。今こそ行動するときである」と述べ、一万四〇〇〇人の移民の受け入れを提案した。イギリスでは、アイランの写真がインターネットに拡散すると、この移民割り当てシステムへの参加を求めるメルケル首相の提案を拒否していたデイヴィッド・キャメロン首相が方針を変えた。彼は、「父親として、トルコの砂浜に横たわる、あの少年の姿に深く心を打たれた。イギリスは道徳の国であり、私たちは自分たちに課された道徳的な義務を果たすだろう」と述べている。もちろんイギリスは、アイランの写真が拡散される以前から道徳の国であったが、その道徳的な姿勢に火をつけ、行動に転じるには情動と共感を必要としたのである。かくして彼は、二万人の移民受け入れを提案した。

ローマ教皇フランシスコは、一か月ほどが経過してから米連邦議会で演説した際、同様に数と個人的なイメージを区別した。彼はヨーロッパに難民が押し寄せていることに言及しながら、「数におののいてはならない。彼らを人として扱い、顔を見て彼らが語るストーリーに耳を傾ける必要がある」と述べている。

情動に駆り立てられてなされた、数千人の移民を受け入れる約束は、つねに履行されるとは限らない。数週間が経過し情動の高まりが終息すると、あちこちで約束が反古にされた。それでも、個人的なストーリーに対する情動的な反応は、それがなければあり得なかった政策決定を導いたのである。

ブルームは、善い行ないを導く要因が、他者のニーズに対する単なる理性的な気づきではないことを認めている。彼が述べるように、「知性を行動へと転化するには、ある程度、仲間意識という呼び水が必要である」。この見解は正しいと思う。

合理的に行動するにはどうすればよいのかを知りながら、他者が何を感じているかを考慮するまで実行に移さないことがある。私には、問いに対し現実には何の役にも立たない答えで応じることがある。たとえば、「缶切り見かけた？」という問いに対して、「いいや、見かけなかった」と答えて、生半可な返事をしたりするのだ。それでは、相手は途方にくれたままでいるしかない。当たり前に思われるかもしれないが、缶切りを持たずに缶に直面しなければならない不測の事態が、その人にとっていかに感じられるのかを思い起こせば、わずかながらでも共感の火花を散らせるはずだ。そしてその火花に呼応すれば、「スプーンが入っている引き出しにあるのでは？」などとひとこと、ふたことつけ加えられただろう。こうして相手に協力すれば、私の脳内では報酬ホルモンがほとばしり、そのちょっとした努力が有益であることを教えてくれるだろう。

しかし報酬ホルモンの味を占めたからと言って、私は、善き行ないや道徳性の基盤としてではなく、コミュニケーションに役立つツールとして共感を考えているのである。それは必須のツールであり、誤用の可能性があるとはいえ、相互理解をもたらす重要なつながりを形成するのに役立つ。

「井戸に落ちた少女」反応は、医師が患者に応対する際に持ちあわせていてほしいと私たちが考えている、まさにその感情である（ただし、それに飲み込まれないよう注意する必要はあるが）。そうすれば患者は、医師が自分を見て、自分の話に耳を傾けてくれていると感じることができる。それはまた、いかなるタイプのコミュニケーターであろうと、聴衆と関わり合うときにとるべき態度でもある。注意力や集中力、リスニングの能力を総動員して、自分の語るストーリーを相手がいかに受容しているのかを感じ取るのだ。

関わり合いがすべてなのである。

第15章　読み手の心を読む

奇妙に聞こえるかもしれないが、私たちの発見では、本を書くときのように、面と向かっていない人々の内面の動きを予兆する一種の暗示さえ得ることができる。

即興とライティング

私たちは理系の学生に、即興以外にも、自分の伝えたいメッセージをどのように書けばよいのかを教えている。まず要点を述べ、詳細に拘泥して要点を見失うことのないようにし、はっきりと明瞭に自分の見解を述べ、読み手の関心を喚起すべし、と教えているのである。

しかし私たちは、ライティングのトレーニングに着手する前に即興を教えておくと、ライティングのセッションが円滑に進むことに気づいた。学生たちは、読み手が自分の言いたいことをきちんと把握できるどうかを、より的確に判断できるようになったのだ。というのも、自分の主張ばかりでなく、読み手の心の状態について考えるようトレーニングを受けたからである。

それにヒントを得て、私たちはライティングのクラス自体に即興を取り入れることにした。するとクラスの成績はさらに向上した。

他者に注意を払う能力を強化すればするほど、それだけ学生たちは、読み手が明確に理解できるような言葉を用いて自己を表現するようになったのだ。ある意味で即興は、面と向かっていない人の心を読む心構えを築くとも言えよう。

しかし読み手のボディランゲージや声音を観察せずには、書き手はたいした情報を得ることができないように思われる。読み手の誰もが持っているとジョージ・ゴペンが主張するものを除いては。それは期待だ。

ジョージ・ゴペン——期待

デューク大学名誉教授のゴペンは、「人は文章を読むとき、満たされる必要のある何らかの基本的な期待を抱く。その期待が満たされなければ、読み手は混乱したり、フラストレーションを感じたりするだろう」と述べている。

彼の説が正しければ、その期待をいつ侵犯したのかに気づくことは、じかに対面している場合とほぼ同程度に効率的に読み手の心を把握することを可能にする窓を提供してくれる。この窓を通して、読み手の頭に何を詰め込むかに焦点を置く代わりに、読み手の心の動きに注意を払えるようになるだろう。

「科学ライティングの科学」というタイトルの、ジュディス・スワンとの共著論文を読んだあと、私はゴペンにファンレターを書いた。科学番組のエピソードを撮影するために近々デューク大学を訪問する旨を告げ、彼の業績について語り合う時間を数分でもとれないかと尋ねたのである。

彼はローリー・ダーラム国際空港で私を拾ってくれた。ひどい渋滞に巻き込まれたおかげで、二人で二時間ほど話す機会を持てた。会話は刺激的だった。もつれた渋滞のなかをのろのろと進むあいだに、彼は文章とは何かを説明してくれた。彼の考えによれば、読み手は、書き手の考えが特定の順序で配置されることを期待しているのだそうだ。そしてこの期待は読み手の反応に影響を及ぼす。

文章——期待

ゴペンの主張によれば、文章の先頭は、その文章がどんなものになるのかがわかることを読み手が期待する箇所であり、いつまでもその記述を先に延ばしていると、読み手は先頭に戻ってそれが何かを確認しようとする。ゴペンは、「読み手は、(文章が)誰であろうと最初に登場した人物に関するストーリーであると期待する」と言う。

役者の私にとって、ゴペンの主張は文章を劇の台本のごとくとらえているように聞こえる。劇では、幕が上がると主役はできるだけ早く登場したほうがよい。さもないと、たとえば『ハムレット』なら、その劇がハムレットではなく、ローゼンクランツとギルデンスターン(『ハムレット』の登場人物)にまつわるものであるような印象を与えてしまう。

ひとたび舞台に登場したら、主役はただちに何かをし始めたほうがよい。さもなければ、観客はその人物がなぜそこに立っているのかと訝り始めるだろう。ゴペンは、主人公が登場した直後には、動詞(行動）が来るべきだと考えている。

強調箇所

ゴペンによれば、読み手は、文章の最後には格別の重要性が宿ると想定している。彼はそれを「強調箇所」と呼ぶ。

私にとって、文章の末尾には、ジョークのオチのような栄誉が与えられている。

たとえば、友人に次のようなジョーク（一種のメタジョーク）をかましたとする。

> カトリック司祭とラビとプロテスタントの牧師がバーに連れ立ってやって来た。それを見たバーテンダーは、「いったいこれは何のジョークだ?」と言った。

このジョークを友人に一発かましてやろうと思うほどおかしいと感じた読者は、それを次のように友人に語ったりはしないはずだ。

> バーテンダーは「いったいこれは何のジョークだ?」と言った。彼がそう言ったのは、カトリック司祭とラビとプロテスタントの牧師がバーに連れ立ってやって来たからだ。

つねに状況設定が先で、読み手を笑わせる部分があとなのだ。

読み手がこの種のさまざまな期待を実際に抱いているのなら、それらを心得ておくことで、読み手がどう思うかを考える手がかりが得られるはずである。「著者はいったい何が言いたいのか?」「なぜこの本は、急につまらなくなったのだろう?」「ストーブをつけっ放しにしてきたっけ?」などといった、ふと浮かんでくる思考も含めて。

しかし、読み手の心のなかにほんとうに入り込むことは可能なのか?

それが可能だと誰もが思っているわけではない。

読み手の視点

スティーブン・ピンカーはエレガントな著書『スタイルの感覚(*The Sense of Style*)』で、「読み手が肩越しに覗き込んでいるかのごとく書くことは、おそらく不可能であろう。単純に言えば、他者の視点をとるのは非常にむずかしい」と述べている。

ほんとうだろうか?

読み手に訴える人物像を描くとき、小説家はまさにそうしているのだと思う。明らかに自分ではない人物に扮する役者も、舞台に上がるたびにそうしている。役者が何らかの方法で他者の視点をとることができないようなら、この世に劇場など存在しないだろう。

監督が「アクション」と叫び、私が部屋に入って誰かを縛り上げて拷問するとき、私は、単に自分がこれからおぞましい行為に走ることを知っているだけでなく、自分が演じている人物の視点を通してそのシーンを見なければならない。私は、なぜそれをしようとしているのかを知っていなければならない。のみならず、自分はそうするに値することを知っている必要がある。私が扮する人物の思考は、私の思考になるのだ。私は観客に、その人物について語るのではない。数分間、私があたかもその人物になるのである。

もちろん、それにはトレーニングと実践を要する。さもなければ、誰もが俳優になれてしまう。ここでのポイントは、他者の視点に立つことが、ある程度は可能であるということだ。

数学におけるコミュニケーション

私の友人スティーブ・ストロガッツは、数学に関する文章を書くときにそれを実践している。スティーブは単に数学について書きたいだけでなく、その美しさを伝えたいと考えている。それを達成するにあたって、彼は数学について考えるのではなく、思考について思考する。つまり、他者が何を考え感じているかについて考える。「数学に困惑やトラウマを感じている人のために」と題する論文で、彼は次のように述べる。

数学をうまく説明するには共感を必要とする。説明者は、説明には相手がいることを心得ておかねばならない。しかし、数学の分野で行なわれているもっとも一般的なアプローチは、前提や定理を述べ、それを証明し、そして「何か質問は？」と尋ねるというものだ。

このアプローチが非常に非効率なのは、学生が問おうとしていたわけではない問いに答えるものであるからだ。

スティーブはそのようなアプローチをとる代わりに、読み手を友人として関与させる。彼は数学に関する本をまるまる一冊、あたかも一人の親友に向けられたものであるかのように書いている。これは真実である。というのも、その親友とは私のことだからだ。彼は、私がおそらく知っているだろうと考えられることを念頭に置いて文章を書いている。というのも彼は、無理数や、無限には複数の種類があることなど、数学の基本的な考えに私を馴れさせようと何時間も費やしてくれたことがあるからだ（いったい全体、何種類の無限が必要なのだろうか？　永久に続くものが一つあれば十分ではないのか？　どうやらそうではないらしい）。

いずれにしても、スティーブが念頭に置いているのが私であろうが見知らぬ読者であろうが、彼は読み手が考えているであろうことについて考えている。

本書の読者は、なぜ私がそんなことを取り上げているのかを訝っているかもしれない。もの書きで生計を立てている人でなければ、それが自分にどう関係するのかと思っていることだろう。

私の考えでは、それはあらゆる人に関係する。なぜなら、今では誰もが何かを書いているからだ。Eメイルを書き、ブログを書き、携帯メイルを送っている。あるいは求人に応募するための願書を書いたり、出会い系サイトでラブメッセージを書いたりしている。

私は、ものを書くときでも、他者の経験を尊重することが、明瞭かつ生き生きとした文章を生み、読み手に、愛されるとまでは言わないとしても理解されることへの近道であると考えている。

第16章　炎のチャレンジ

一一歳の子どもにわかるように話す

教育の現場では、誰もが「生徒が知っていることから始めよう」という標語を知っているはずだ。だが、そのやり方をきちんと理解しているかということになると、話は別である。私はかつて、そんなことは何も知らないとしか思えない教師に出会ったことがある。

一一歳の頃、私はなぜものごとが現にあるようにあるのか、あれこれと考えるようになっていた。とりわけ私は、ロウソクの先端でゆらめく炎に驚きを感じていた。炎はなぜ「光を放っているのか？」「熱いのか？」「固体ではないのか？（指をかざしてすばやく動かせば炎を貫くことができる）」などと考えていたのだ。

その年の担任は、私がとても好きな先生だった。彼女は若く快活で、胸が大きかった。彼女が持つこれらの特質は、当時一一歳の私に好奇心を抱かせるに十分だった。だから私は彼女に、「炎って何？そのなかで何が起こっているの？」と尋ねてみた。

するると彼女はしばらく考えてから、たったひとこと「酸化よ」と言った。

「酸化」。それだけである。私は炎が何であるのかを知らなかった。当然、酸化が何かも知らなかった。私は今でも彼女に淡い思いを抱いているが、この件に関して言えば、別名を知っただけで出発点に戻ったにすぎなかった。

単に何かを名指すことは、それを説明することではない。そうだと考えたくなるのは確かだが。リチャード・ファインマンは、子どもの頃、一人の少年に目の前を飛んでいった鳥の名前を訊かれて挑戦されたストーリーを語っている。ファインマンが名前を言えないのを見て取った少年は、「あれはタイワンショウドウツバメだ。きみのお父さんは何も教えてくれないんだね」と言い放った。しかしファインマンの父はすでに、名前よりもっと大切なことをファインマン少年に教えていた。父は彼に「あの鳥を見なさい。あれはスペンサーズウォーブラーだよ」と言ったことがあった。彼には、父がでたらめな名前をでっち上げたことがわかっていた。それから父はリチャードにその鳥の架空の名前を数か国語でまくし立てたあとで、「世界各国の言葉であの鳥の名前を知ることができるんだよ。でもね、世界各国の言葉であの鳥の名前を言い尽くしても、あの鳥のことについて何も知っていることにはならないんだ。(……)だからよく観察して、何をしているのかを確かめてみようじゃないか。それこそが重要なんだ」と言った。

私の先生が炎を言い換えてから数十年が経過したのち、私は、自らの業績に関するストーリーを書いて一般読者に紹介するよう科学者を激励できないかと考えて、『サイエンス』誌に寄稿するつもりでコミュニケーションに関する記事を書いていた。だが途中で、決まりきった文句を並べているだけにすぎないことに気づいた。私が書いた文章は、それだけでは眠気を催すような事実の羅列で、自分の経験を生かした話もなければ、ストーリーもなかった。つまり私は、自分が普段しているアドバイスを無視していたのである。自分の経験を生かした視点を導入すべきだ。そう思った。そして、そのときふと思い出したのが「酸化」の一件だった。

私は最初から記事を書き直して、子どもの頃の私の好奇心や、火について何とか説明しようとする先生の試みなど、「炎のストーリー」を組み入れることにした。記事の結論部分を書く段になって、読者対象に考えている科学者の関心を引く方法を自分が持っていることに気づいた。科学者を集めてコンテストができるのではないか。そう思った私は、「炎とは何かを説明する文章を書いてみてはどうだろうか?　一一歳の少年でも理解ができ、読んでおもしろい文章を」と呼びかけてみた。そしてここがミソなのだが、審査は実際に一一歳の少年たちが行なうのである。

実を言えば、一一歳の少年を審査員にしようというアイデアを最初に誰が持ち出したのかは定かでない。私だっただろうか?　それともホーウィー・シュナイダー、あるいは当時サイエンス・コミュニケーション・センター長を務めていたリズ・バース?　当初はケーキの飾りのような楽しいアイデア程度に考えていたのだが、そこから教えることに関していくつかの洞察を引き出すことができた。子どもたちは、審査員としての自分の役割を果たすのに必要なこととして自発的に学習していた。そして、それが違いをもたらしたらしい。

子どもたちは、専門家を含め、おとなに自分の意見を言えることを楽しんでいたようだ。「それはよい説明だね。でももう少しよくなるんじゃないかな」などと言いながら。また提出物（エントリー）同士を正当に比較評価できるようになるためには、炎の内部で実際に何が起こっているのかについて精通しておく必要があった。それに関しては教師が支援することができた。そして、それによって判断するための基盤を習得した子どもたちは、自分たちで学ぶようになっていった。こうして、教師から学んだことはいくつかのエントリーを読み比較することで強化されていった。子どもたちは炎に関する専門家になりつつあり、複雑な問題（一一歳の頃の私が考えていたよりずっと複雑な問題）でありながら、それを楽しく感じていたようだ。

コンテストを始めたときには、およそ一五〇年前に、偉大な科学者マイケル・ファラデーが、炎を題材に青少年向けの九つの講義をした事実を、私は知らなかった。これらの講義は本一冊分になるが、炎の問題はそれよりさらに複雑なものである。当時はまだ、複雑で謎めいた量子力学は存在していなかったが、存在していたら、ファラデーの本はもっと厚くなっていたことだろう。そこに私がしゃしゃり出てきて、小学生を相手に、数百字以内の文章か短いビデオで炎について説明するよう科学者に求めたのだ。とはいえ科学者も小学生も、ほんとうに楽しそうにやっていた。子どもが審議する様子をビデオに撮影したが、そこには、私が会って話をしたどの会社役員にも匹敵する目的感を見出すことができる。ある少年は、少しばかりうそくさいと思ったビデオを批判して、「おもしろく見せるのはいいんだけど、ばかばかしくする必要なんかないよ。ぼくたちは一一歳であって七歳じゃないんだから」と論評した。自分の読者を真に知る必要性を示す好例の一つと言えよう。

コンテストは、子どもに科学者に対してもの申す機会を与えただけでなく、投票をめぐって他の子どもたちの意見に耳を傾けなければならないことをも教えた。子どもたちはグループ活動を通じて学習し、それを通じて成長していった。あるクラスでは、「ぜんぶのことをこんな方法で学べたらなあ」と教師に打ち明ける生徒もいたほどだ。

私たちは国内と十を超える外国から子どもを集め、世界中から寄せられてきたエントリーを判定してもらった。初年度のコンテストに寄せられたエントリーの一つに、オーストリアの大学の博士課程に通うアメリカ人学生の手になるものがあった。彼は、ラジオ番組「サイエンス・フライデイ」のポッドキャストを観てコンテストについて知ったのだそうだ。すぐにコンテストへの参加を決め、もっとも強く子どもの関心を引く炎の説明は、ユーモアあふれるビデオを製作することだと考えた。しかしポッドキャストを観たのが締め切りの二週間前だったため、ビデオを製作する時間があまりなかった。しかも彼は、新たな歌を自作し、アニメーションを加えるつもりだった。

研究室での彼の仕事は、壊れた装置を修理することで、コンテストのエントリーを作成するよりおもしろいとはとても思えなかった。だから上司に二週間の休暇願を出し、エントリーの製作に専念することにしたのである。それから家に帰って妻と娘に、「これから二週間は、自分の姿を見ることはあまりないだろう」と告げ、地下室に閉じこもった。

彼は二週間の慌しい毎日を送るなかで、歌を作り、編曲し、自分で演奏し、台本を書いて演技し、炎の内部の原子を、ボクシングリングでレゴブロックが殴り合うという変わったイメージにたとえるアニメーションを製作した。

彼は、締め切り直前の数分前になって完成したビデオを投稿した。ところが翌日になって、メイルが送信されておらず、締め切りに間に合わなかったことに気づく。彼はセンターに、技術的な問題で作品を送れなかったことを説明し、自分のエントリーを取り上げてほしいと嘆願した。

この嘆願は認められ、子どもたちが審査した。こうしてベン・エイムスは、炎のチャレンジコンテストの初代チャンピオンになったのである。彼の作った歌は、数十のクラスでヒットした。驚いたことに、歌詞には「熱分解（pyrolysis）」「白熱（incandescence）」「化学発光（chemiluminescence）」、そしてもちろん私のお気に入りの「酸化（oxidation）」などの専門用語が散りばめられていた。しかしもうひとつ驚いたことに、子どもたちはそれらの用語を嫌ったりはせず、気に入っていた。のちに生徒の一人は、炎について考えていないときでも、彼の作った歌が頭をかけめぐり、それを通して学んでいると語ってくれた。

私たちはベンをニューヨークに呼び、ワールド・サイエンス・フェスティバルで彼が優勝したことを報告した。その際一種のサプライズとして、彼の作品の審査員でもありファンでもあった子どもたちが舞台に上がり、今やお気に入りになった熱分解の歌を歌って彼を祝福した。

オンラインでは、ベンのビデオのおかげで炎のチャレンジと彼自身への関心がさらに高まった。それに加え、ベンはシリーズものの子ども向けアニメーション科学番組のパイロット版の製作を手伝ってほしいとテレビ局から依頼された。かくしてこのコンテストは、当初私たちが予想していた以上のあり方で、サイエンスコミュニケーションという概念を広めるのに貢献する結果になったのである。

コンテストが発展すると、アメリカ化学会とアメリカ科学振興協会がスポンサーになってくれた。こうしてコンテストは、科学記事に人間味を加える即興的な試みとして始まったものが、真の即興劇のように、当初は予期していなかった方向へと発展し始めたのだ。

自主性

コンテストが二年目に入ると、子どもたちにある程度裁量を与える方針をとり、科学者にする問いを自分たちで考えるよう促した。最初の六年間に提案された問いは、それぞれ「炎って何?」「時間って何?」「色って何?」「睡眠って何?」「音って何?」「エネルギーって何?」だった。複雑な事象を明確に説明できるよう科学者を導くことを目的に始めたエクササイズが、驚いたことに子どもたちと、コンテストを主催する私たちの双方に学習する機会を提供してくれたのである。

教育の第一の原理が、「生徒が知っていることから始めるべし」であるとするなら、炎のチャレンジでの経験を踏まえて言えば、次に重要な原理は、「わずかでも自主性が与えられれば、生徒は発見の喜びを享受することができる」であろう。そしてどちらの原理にも、共感と「心の理論」、つまり生徒の内面を認識することが関与している。彼らが何を知っているのか、また何を知りたいのかに気づくことが肝要なのである。

私の友人スティーブ・ストロガッツは、数学を教えている最中にほぼ同じことを発見している。スティーブは教師として授賞された実績を持つが、講義という通常の教育方法にますます不満を感じるようになっていた。その理由は定かでない。私は彼が講義するところを見たことがあるが、熱心に、そしてわかりやすく教えている彼の姿は喜ばしかった。それでも彼は、学生たちが講義を一種のパフォーマンスのようなものとして楽しみ、帰ってから宿題に取り組んではいても、数学と深く関わり合っていないと感じていた。彼らをもっと深く数学に関わらせる方法を見出したいと思った彼は、学生自身の好奇心に訴える、一種の「アクティブな教育」を実験するようになる。

スティーブはそれを、「数学嫌いのための数学」と彼が呼ぶコースで試した。彼によれば、「彼らは、〈数学と量的推論〉という要件をまだ満たしていない年長の学生です。彼らと卒業のあいだに横たわっているのは、このコースと水泳テストだけなのです」とのことであった。

彼は、講義したり、問題の解き方を教えてただ一つの解答を示したりするのではなく、好奇心をそそるパズルを学生に与え、自分で解決方法を見出させる方針をとっている。

たとえばあなたは、大学に入学し、初めて彼のクラスをとったとしよう。すると彼はあなたに紙とはさみを手渡して、「はさみで切れ目を一本入れただけで、開いたときに三角形ができるようこの紙を折りたたんでみてください」と言う。

これは簡単に解ける課題ではない。そもそも可能なのだろうか？

実のところ可能だ。しかしあなたとクラスメイトは、自分で解法を見つけなければならない。ある学生が一つのアプローチを思いつくかもしれない。たとえそれが実際にはうまくいかなかったとしても、他の学生がそれをもとに新たなアプローチを模索していくことができる。

これはまさに、はさみを使った「イエス、アンド」の実践である。

そこには互いに協力し合っているという感覚があり、第一におもしろい。学生たちは、最初はそうは思わず、数学や量的推論をしていると考えているのかもしれない。しかし、彼らはそれを楽しんでやっている。というのも、炎のチャレンジの子どもたちと同じように、大幅な自主性が与えられているからだ。

また、教師にも楽しみがある。スティーブは言う。「このクラスを教えることは、私がこれまでやってきたことのなかでももっとも楽しいものです。（……）もちろん、もともと数学が好きな学生を教えるのもおもしろいのですが、数学嫌いの学生を相手にして少しでも苦手意識をなくさせることにも何か特別なものを感じます」

この彼の言葉は、他者の経験に注意を払い気づくことから得られる報酬に言及しているように、私には思われる。ちょっとした幸福ホルモンのほとばしりとも言えよう。

スティーブにとって、それは教育の必須の部分をなす。彼は言う。「個々の学生にとって何がうまくいくのかを見極める必要があります。この見極めは、共感の働きなしには達成することができません。教育の本質が、一つの心が他の心と交換し合うことであるのなら、それ以外の手段は考えられません」

個人的なつながりを持つことは双方向コミュニケーションを行なうことである

他者を観察しようとすることは、ときに進んで他者に自分を観察させることでもある。私は、ティーチングアシスタント（TA）のトレーニングを始めたとき、それを示す興味深い事例に出会った。なおTAとは、学部生を対象に教育補助を行なう役割を与えられた大学院生をいう。一般にTAは、自分が担当する分野に非常に精通しているが、自分の知識を伝えることに関してはほとんど、もしくはまったく経験がない。この事実は、そもそも彼らに学部生を教えさせることの目的の一つを損なう。つまり、生物学や物理学の魅力を学部生に知らしめ、彼らが自主的にその科目を勉強するよう啓発するという本来の目的を損なう。具体的に言えば、学部生は退屈したり、科目の内容を決して理解できないのではないかという焦燥に駆られたりしてその科目をまるごと敬遠する結果になってしまうことがあまりにも多い。

私たちは、生物学を教えるTAをトレーニングするパイロットプログラムを開始した。彼らを集めるのは容易ではない。大学院生は大きな学問的負荷を抱え込んでいる。しかも学部生を教える時間をとらねばならないのに、その方法を教えるクラスにまで参加するのは気が重い。だから私たちは、トレーニングの時間を一週間につき一時間に限定することにした。それだけでもトレーニングが効果を発揮することを祈りつつ。

私たちがおもにやりたかったことの一つは、TAを学部生とリラックスして関わり合えるようにすることだった。彼らは、学部生が教えられたことを理解したか、自分のしている実験を理解しているのか、与えられた事実や技術の意味をきちんと咀嚼できているのかを知らねばならなかった。それを達成するためには、学部生と個人的なつながりを確立する必要があると、私たちは感じていた。それゆえ、次のセッションに移る前に、学部生と少なくとも一つ、個人的な関係を結ぶことをTAに求めた。それは、「やあ調子はどうだい?」と声をかけるなどといった非常に単純で形式的なものでもよかった。

それでも彼らは、そうすることに抵抗を感じていた。「学部生と個人的な関わりを持つことは、それがどんなものであれまったく不適切だ」と主張するTAが、一人ならずいた。彼らは関わりたくなかったのだ。しかし、相手に注意を払わずして、どうやって学部生の心が読めるというのだろうか? TAが単なる匿名の観客として部外者の立場に留まっていたら、学部生はどうやって学べばよいのか?

とはいえ、学部生と個人的な関係を結ぶことをそれほど苦にしないTAの一人が先導することで、クラスのほとんどのTAは学部生とふれあい始め、より個人的なつながりを求めるようになった。その経験が忘れられないものになったTAもいたようだ。

以下は、クラスが終わったあとで、参加したTAの一人が書いた報告である。どうやら彼にとってクラスは一つの転機になったらしい。

昨日クラスで、私は気分をまったく切り替えました。（……）これから行なう実験について話をするにあたり、いつもとはギアを切り替え、自分の琴線に触れるとても個人的なストーリーを語ったのです。それは、好奇心の強い小さな科学者が、創造力に満ちたアイデアの花を無数に咲かせ始めた頃の私が、恋人と一緒に行なった実験について物語る、次のようなストーリーでした。私は、医師をしていた父から聴診器を借りてきました。それから聴診器のイヤーチップを耳に装着し、チェストピースを彼女の心臓にあてて鼓動を聞いていました。彼女は別の聴診器を使って私に同じことをしていました。この実験の目的は、互いに相手の心臓の鼓動に耳を傾けていたら、二人の鼓動がシンクロするかどうかを確かめることでした。私たちは、心拍の変化を測定するために心音マイクを身につけ、特に理由もなく私が彼女の左手を握り、二人で目を閉じました。その瞬間私は、彼女の存在を感じているかのような感覚をおぼえました。あらゆる鼓動が、生命の足音のように聞こえたのです。彼女がこれほど生き生きと感じられたのは初めてでした。データを分析してみると、二人の鼓動は互いに異なるリズムで始まり、時間が経つにつれシンクロしていったことがわかりました。しかしそのあとで、手を握るべきではなかったことを論じ合いました。別の変数が混入するからです。

私たちは、もう一度実験することを約束しました。でも結局しませんでした。これからも決してないでしょう。なぜなら、その後彼女は交通事故で帰らぬ人になってしまったからです。

私は学部生たちに、実験や変数について考えるときにはつねに、このできごとがよみがえってくるのだと話しました。私は、変数をコントロールすることの重要性について説明する際のてこ入れとしてこのストーリーを語ったのです。またもちろん、生きていることの意味、現在のこの瞬間に積極的に生きることの意味について学んだ小さな人生の教訓もそこに含めました。話が終わると、クラス全体に圧倒的な重々しさが漂っていました。

クラスが終わったあと、一人の学部生が私のそばにやって来て、私が真剣に自分たちの面倒を見てくれていることに感謝し、自分たちが学べるよう私が多大なエネルギーを費やしているにもかかわらず、自分の成績が平均以下なのが心苦しいと語ってくれました。この一聞しただけでは些細なコメントは、私が学部生にいかなる影響を与えているのかを評価するのにとても役立ちました。

私のお気に入りの架空の肖像写真

私たちは、多くの人々が抱いている個人的な側面や、自分の弱みを他者に見せることに対する抵抗感を克服するのに役立つ経験を、ワークショップでしてもらうための方法を探し続けていた。

センターで即興の監督を務めているヴァレリ・ランツ＝ゲフローは、即興クラスの締めくくりに必ず行なう理系の学生のためのエクササイズを考案した。このエクササイズは、必ずといってよいほど人々の情動に影響を及ぼす。そこで彼女は、TAの事例と同様、真っ白な紙に架空の家族の肖像写真を描くという、個人的な経験にまつわる題材を活用している。実のところ紙面には何も書かれてはいないのだが、彼女が細かく家族の肖像を口述し、その背景のストーリーを語るうちに、クラスの参加者は彼女の家族のイメージをそこに見るようになるのだ。

彼女は肖像写真が撮られた日のストーリーと、その情動的な意味について語る。それから、クラスの参加者に自分で架空の肖像写真を描いてみるよう促す。そして各人がそれぞれ白紙を取り上げて肖像写真を描き、これまでなかったようなあり方で自らの心を開いていく。

たとえばこんな具合に。グループに向かって話をするときには個人的な経験に言及することを控えていたある参加者は、真っ白な紙を掲げて、祖父の肖像写真を描写し始めた。それは椅子にすわってカメラを見つめている男を撮ったよくある写真だった。しかしそれにまつわるストーリーは、彼の心を動かしていった。そのうち彼は言葉につまるようになり、最後まで話すことができなくなった。この学生にとってこの体験はまったく新鮮なものであり、奇妙に思えた。クラスが終わってあとでヴァレリは、「彼は私のほうをずっと見ていました。自分の内部に何か新たなものを見つけたようでした。それが何かをはっきりと言うことは彼にもできませんでしたが。あたかも一人の人間として一皮向けたような感じでした」と語ってくれた。のちにこの学生は彼女に次のようなEメイルを送っている。

私はワークショップで行なわれている即興、特に肖像写真エクササイズがとても気に入りました。ティーンエイジャーだった頃の私は成長が早くて、背が高く手足がひょろ長くなりました。だから自分の体をコントロールできていないと感じることがよくありました。私は水泳が好きでした。飛び込み台から飛び込んで深くもぐり、体を反転させて水面に反射する自分の姿を見たり、丸くなったり、仰向けになったりすることがとりわけ好きでした。水中では地上でのように、平面にしばられたりはしません。

即興エクササイズは、情動面においても知的側面においても、それと似ています。それは自分の型から自由になって真の自己とつながれるようにしてくれます。

そして真の自己とつながることで、聴衆ともつながることができます。

個人的な話になりますが、ワークショップを出たあと、私は雨が降るなか車を運転して地元でもっとも大きな丘に行き、通り過ぎる嵐を見ながら車の屋根のうえに立っていました。もちろん普段はそんなことをしたりはしません。

私は、科学者が自分の内面につき動かされて聴衆の面前で言葉がつまることが、よい態度だと言いたいのではない。コントロールされたワークショップの環境のもとで、参加者の前で情動を表現するのは、自分にとっても話を聞いている人にとってもよい経験になると言いたいのである。私はかつて、肖像写真エクササイズの途中でワークショップに入り、年長の女性科学者の隣にすわってどんな具合か尋ねてみたことがある。すると彼女は、目に涙を浮かべながら私のほうを見て、「すばらしいです。みんな涙を浮かべています」と答えた。
確たる証拠があるわけではないが、思うに、出会ったばかりの人々に対して、このような形で心を開く経験をしておけば、のちに見知らぬ聴衆の前で話す機会がやって来たときにも、すぐに関わり合えるようになるのではないだろうか。あるいは毎日会っているクラスのメンバーとも。たとえ対象が技術的なものであった場合でも、もっと自由に情動的なイメージに触れることができるはずである。
実のところ私は、専門的な記述であっても、情動的な言葉で語ることができる場合もあるのではないかと考えている。もちろん、そのために正確さを失ってはならないし、聴衆のタイプも考慮に入れる必要はあるが、ひとたび情動を織り込むことに慣れれば、表現に違いをもたらすことができるだろう。たとえば、ヒッグス粒子の発見という、科学における非常に重要な瞬間を記述する二つの方法がある。この例によってわかるのは、情動的な色合いを帯びた二、三の言葉を加えるだけで違いを生むことができるという点だ。一方では次のように表現できる。

何年もの研究を経たあとで、スイスにあるCERNの科学者たちは最近、非常に重要な発見をした。数十年前に理論的に予想されていた粒子の存在を確認したのである。これから、彼らが何を発見したのか、そしてそれがなぜそれほど重要だと考えられているのかを説明しよう。

他方では次のようにも表現できる。

スイスにあるCERNの科学者たちは、祝福のためにシャンペーンボトルの栓を抜き、次々に抱擁し合った。彼らは、数十年来その存在の確認が待望されていたものを発見したのだ。これから彼らが何を発見したのか、そして彼らがなぜかくも興奮しているのかを説明しよう。

どちらの文章も、長さはほぼ同じである。しかし二番目の文章（そこに書かれている内容はすべて事実である）には、「祝福」「シャンペーンボトルの栓を抜き」「抱擁」「待望」「興奮」など、読者の情動を少しばかり刺激する言葉が含まれている。

この程度の情動表現でさえ、文章を安っぽくすると思う読者もいるかもしれない。科学専門誌に発表する論文に記述された文章なら、その見方は正しい。しかし一般の読者を対象にする場合には、多少の情動的な用語は、事実の羅列を心に残る表現に変えることができる。情動の興味深さはそこにある。情動は、そこに語られていることをただおもしろくするだけでなく、より心に残るものにするのだ。

そもそも、読者に覚えてほしくないと思っているのなら、自分が重要だと考えていることを他人に語る理由などないだろう。

第17章　情動は記憶を強化する

これを覚えなければならない…

古い歌によれば「キスはキス」なのだそうだ。しかしこの曲を作詞作曲したハーマン・フップフェルドは、それよりましなことを知っていた。今日ではめったに聞かれなくなった歌詞のなかで、緊張した状況から解放されてほっとするときに頼るのは、単純で情動的なものであることを思い出させてくれる。歌詞の内容は次のとおりである。

私たちが生きている時代は日々、スピードや新たな発明、あるいは四次元などといったものによって不安の原因を作っている。だが私たちは、アインシュタイン氏の理論に少しばかり疲れている。だからときには地上に降りて来て、リラックスし緊張をほぐさなければならない。

記憶に刻まれるのは、情動的なものである。キスはキスなのだが、「人生の基本的なできごと」の一つとして、それはアインシュタイン氏の理論からの解放のみならず、いかに奇妙に思われようと、彼の理論を思い出すのに役立つようなたぐいのものでもある。

ある日私は、記憶の研究者ジム・マクゴーと語り合っていた。彼は私のほうを向いて、「ファーストキスを覚えているかと訊いたら、間違いなく思い出せると答えるでしょう?」と尋ねてきた。もちろん思い出せるし、実際にすぐに思い出した。しかし私の場合、それは日没の琥珀色（こはくいろ）の光を浴びながらのキスなどといったロマンチックなものではなく、スピン・ザ・ボトルゲームをやっているときにした一二歳のぎごちないキスで、二人ともきまり悪く感じただけだった。

まさにそれがジムの言いたいことでもあった。私たちは情動に結びついたできごとを思い出す。それはどんな情動であってもよく、きまりの悪さでも構わない。

彼は言う。「ノーベル賞受賞者なら誰でも、受賞の知らせを聞いたときにどこで何をしていたかを正確に覚えているはずです。決して忘れないでしょう。あるいは、墜落事故のあとで遺体の回収をした人は、死ぬまでその光景を忘れないはずです」

ジム・マクゴーに会う前、私は、草むらでヘビを見たときなど、恐れによって記憶が刻まれることに気づいていた。しかし彼が示すところでは、できごとは、それが喜び、恥、嫌悪など、ポジティブなものであろうが、ネガティブなものであろうが、強い情動に結びついたときに記憶される可能性が高い。

彼は続ける。「恐れでなくても構わないのです。屈辱でも構いません。私はあなたに、〈あなたの記事をいくつか読んだが、前よりも悪くなっている。その点よく考えたほうがいい〉と言うこともできる。私が本気でそう言ったと感じれば、あなたはそれを一生覚えていることでしょう」

確かに覚えているだろう。役者として初めて批評家にこきおろされたときのその評は、今でもよく覚えている。概要ではなく、まさに一言一句に至るまで思い出すことができる。悪評は、そのとがった小さな爪で脳に食らいつき、自分が生きている限り、触手を扁桃体に伸ばしてつつき続けるのだ。もちろん記憶には明るい側面もあり、たとえば国内や海外でこれまでに食べてきた、さまざまな絶品のパスタを思い出せるように、幸福なできごとも覚えている。極上のリガトーニ〔パスタの一種〕の味を覚えていることには、進化的な利点があるに違いない。

ジム・マクゴーと私は、彼が所属するカリフォルニア大学アーヴァイン校の構内にある並木道に沿って歩いていた。彼の研究室に入ると、彼の長年の共同研究者ラリー・ケーヒルが実験の準備をしていた。この実験を『サイエンティフィック・アメリカン・フロンティア』のエピソードとして撮影するつもりだった。

そこでは、マリーナという名の若い女性が、モニターの前にすわって、銃、けがをした子ども、腐敗したイヌの死骸、ヘビなどの情動を喚起する写真を見ていた。実験の目的は、一週間後に彼女がそのうちの何枚を覚えているかを確認することだった。記憶を促すために、彼女は写真を見たあとで、氷水で満たされた桶に腕を突っ込むよう言われた。その様子を見た私は、「それが何の役に立つのだろうか？」と訝った。

ラリーの説明によれば、「あれは、ストレスホルモンによる身体の反応を活性化すると考えられているテクニックなのです。そして私たちの考えでは、ストレスホルモンによる身体の反応は記憶を促すのです」。その説明を聞いても、私にはそのやり方が随分と極端なものであるように思われた。あるいは、マリーナが桶に手を突っ込んだときに発した感想と同じように、「ううむ」という感じがした。

「どのくらい長く腕を突っ込んでいるのですか?」と私は訊いてみた。

「私を含め、たいていの人は、一分くらいしか我慢できません」とラリー。

マリーナは三分間腕を突っ込んでいた。

ラリーは言う。「たった今、彼女の脳は、提示されたすべての情報を懸命に保存しようとしています。私たちはそれを〈記憶固定(consolidating)〉と呼んでいます。一種のジェロ〔デザート用ゼリー〕のようなものです。記憶固定のプロセスでは、ストレスホルモンは新たに形成されつつある記憶に働きかけて、その保存を強化するのです」

三分後にマリーナは腕を引っ込めた。

「どんな感じがしましたか?」と彼女に訊いてみた。

彼女は、「まったくひどい気分です」と答えた。

テストが終わって一週間が経過すると、マリーナのように氷水に腕を突っ込んだ被験者は、そうしなかった被験者に比べ、情動を喚起する写真をよく記憶していた。ストレスホルモンが記憶の固定を促したのだ。

この記憶固定のプロセスはなくてはならないものである。なぜなら、それがなければ、見たもの、聞いたもの、夢に見たものなど、あらゆるものごとを等しく記憶してしまうことになるからだ。それでは日常生活が送れなくなるだろう。

この実験結果が示すように、情動が記憶を支援することは明らかである。しかし当時の私にとっては、わずかなストレスによって強化されることで記憶がしっかりと固定され、その記憶が他の記憶より重要だと感じられるようになるという知見は、まったく新たなものだった。

一一月のある日、シカゴで起こったできごとを私が忘れられないのは、この情動とストレスの結びつきのおかげなのだろう。それは私の記憶にしっかりと刻み込まれている。

私は、米国医科大学協会の年次ミーティングでコミュニケーションについて講演するための準備を整えていた。私はこのミーティングを楽しみにしていた。集まってきた数百の医科大学の学長の前で、サイエンスコミュニケーションセンターについて語る絶好の機会だったからだ。しかし役者としての仕事が入ってきたために、予定外の重荷がのしかかってきて、ちょっとしたドラマが展開されることになった。ブロードウェイで、『ラブレター』というタイトルの演劇に、キャンディス・バーゲンとともに出演してほしいという依頼が来たのだ。私はこの劇が気に入っており、また、キャンディス・バーゲンとはぜひ共演したかった。しかし、シカゴで年次ミーティングが開催される日と、劇の初日が重なっていることがわかった。だから初日を一日延ばせないものかと尋ねてみたところ、その願いは聞き入れられた。しかしそれもつかの間、今度はメイルで面倒な知らせがやって来た。私は、TVシリーズ『THE BLACKLIST／ブラックリスト』で悪役を演じていたが、『ラブレター』に出演しているあいだに、二エピソード分の撮影を行なうようなスケジュールが組まれていたのだ。両方に同時に出演するのは土台不可能なので、局側は、シカゴに飛ぶ予定にしているまさにその日に、私が演じる登場人物が殺されるシーンを撮影するためにスタジオに来るよう求めてきた。

そのようなわけでわがスケジュールは、まずブルックリンのスタジオに行って頭をパイプ爆弾で吹っ飛ばされたあと、シカゴに飛んで二八〇〇人の聴衆の前で話をし、それが終わってからニューヨークにとんぼ返りして翌日にはブロードウェイで催される初日公演に出演するというあわただしいものになった。しかし、真のドラマはまだ始まっていなかった。

ミーティングが開催されるシカゴのホテルに到着したとき、私はフロントにモーニングコールを依頼しておいた。講演は、翌日の朝早くから行なわれる予定で、寝坊するわけにはいかなかった。「七時ですね。承知しました」とフロントは言った。ところが私は、八時に目覚めてパニックを起こす。電話は鳴らなかったのだ。あわてて服を着る。シャワーを浴びている時間などない。しかも、スーツケースに入れておいたはずのデオドラントが見つからない。私は病的に体臭を恐れるたちで、とりわけ二八〇〇人を前にするとあれば、なおさらそれが気になる。急いで階段を下り、控え室に駆け込む。すると、そこにはソフトドリンクとレモンの薄切りが用意されているのに気づく。それから両方のわきの下にレモンをあて、演壇にのぼる。そして私は、即興の精神に導かれて話をした。講演は大成功だった。新たに五つの医科大学がセンターと提携することになり、私は興奮を禁じえなかった。そしてニューヨークに帰り、二四時間後にはキャンディス・バーゲンと舞台にあがっていた。

もちろん私のこのストーリーは、ペニシリンの発見や、アインシュタインが初めて曲がった空間を思いついた瞬間を描くストーリーに匹敵するものではない。しかし私にとっては、これほど情動的でストレスに満ちた話はなく、それゆえ決して忘れることがないのである。

こうして見ると、科学のストーリーを語る際には、聴衆の記憶に刻むために少しばかりストレスを加えるべきなのだろうか？

それについてラリー・ケーヒルならどう考えるか想像してみた。氷水の実験を撮影してからすでに一〇年が経過していた。だから今なら、会えば最新の知見を教えてくれるかもしれない。

そう思った私はラリーに電話し、聴衆に少しばかりストレスを経験させることで、ストーリーをより鮮明に記憶させることができるかどうかを尋ねてみた。彼は、聴衆の記憶を促すために、そこまでする必要はないと考えていた。彼によれば、「記憶の強化は、ストーリーの情動のレベルを、きわめて低い状態から、少しだけ高い状態へと引き上げるだけで達成することができます」。つまり氷水に腕を突っ込むことで生じるストレスは記憶の形成に役立つのは確かとしても、ラリーはストーリーそのものを氷水に浸す必要はないと感じているようだ。とにかく情動が入用なのである。

しかし最近の一〇年間で、ラリーは情動の効果が一様ではないことを発見していた。彼の主張によれば、「情動は、どんなものごとに対しても効果的なわけではありません。音量を調節するのとはわけが違います。情動の種類が重要なんです」。たとえば、怒りより笑いのほうがはるかに効果的なのだそうだ。しかも単に記憶の補助としてだけでなく、コミュニケーションの手段として。彼は、とりわけトレーニングの現場で、それに気づいたのだそうである。

ラリーはキャンパスで二度、最優秀教師として表彰されている。それを聞いた私は、何か意図的な戦略を持っているのだろうかとふと思った。

彼の答えは、「学生の関心を引きます。彼らに注意を向けさせるのです」というものだった。そして、彼には秘密兵器があった。「学生を教えている最中に、笑わせることができれば、ほとんど不公平とも言えるほど有利な立場を得ることができます。それは学生を武装解除するのです。誰をも同じ種族の一員にします。学生のガードを少し下げて、そこへ何かを滑り込ませることができるのです」

「どうやって学生が自分の話に関心を持っていることがわかるのですか?」と私は訊いてみた。

すると彼は、「目を見ればわかります。焦点が絞られています。私の話に注意を払っていれば、インスタグラムをチェックしたりはしません」と答えた。

無理強いされた不自然なものでない限り、笑いに対する彼の見方は正しいと思う(ディナー後のテーブルスピーチで、ユーモアあふれるストーリーを語ることができずに後悔している人の痛々しい姿を何度も見かけたことがある)。

純粋なユーモアや、心を開いた真の笑いは、ほぼ確実に聴衆の関心を引くことができる。デンマークの偉大なコメディアン、ヴィクター・ボーグを引用してラリーが言うように、「笑いは二人のあいだを結ぶ最短の道のりである」

ローナ・ロール

学生の関心をごく自然に引きつけることができる人がいる。私の知人ではローナ・ロールがその一人だ。ローナは、ストーニーブルック校で「神経科学と行動」部門の部門長を務めている。私は彼女のオフィスを訪問して、記憶と情動について話し合ったことがあるが、彼女が、深い知識と遊び心あふれる快活さのたぐいまれなる組み合わせを宿した科学者であることがわかった。

ジム・マクゴーと彼の格言、「誰もが、どこでファーストキスをしたかを覚えている」について話すと、彼女は自分の経験を思い出し、「成功したとはとても言えません。二人とも歯列矯正装置（ブレース）をしていましたから。（……）絡まってしまいました」と言った。

「絡まったのですか？」と私。

「気分のいいものではありませんでした」と彼女。

「それは完璧でしたね。決して忘れられないでしょうから」と私。

彼女は次のように続けた。「決して忘れることはありません。でも〈すばらしい体験〉という範疇には入りません。〈トラウマ体験〉という範疇に入るでしょう。とはいえ、記憶の形成をめぐる経験が突出したものだと、その記憶がより深く刻まれるというのは、実に驚くべきことです」

それから私は、「何かを記憶するには、それに結びついた情動が必要なのでしょうか？ それとも情動は記憶を強化するだけなのでしょうか？」と訊いてみた。

すると彼女は、「強さの問題だと思います。そしてそれは、単純な曲線を描くわけではありません。状況が情動的であればあるほど、記憶がより深く刻み込まれるというわけでは必ずしもありません」と答えた。

また、人によって特定のものごとに情動を喚起されたりされなかったりするのは明らかだ。そこで私は次のように尋ねてみた。

「情動とは無関係に思えるものごとを教えている人たちについてはどうですか？ たとえばあなたに関しては？ 高度に技術的な話題に情動が喚起されることがありますか？」

この問いに対して彼女は、「こう言えばよいでしょうか。〈あの日に自分はどこにいたか〉という一覧を作るとしたら、私の一覧にケネディが暗殺された日と同時多発テロが起こった日が含まれるのは言うまでもありませんが、そのなかにはシングルチャンネルレコーディング、つまりレセプターの開閉の記録に関する論文を初めて読んだ日も含まれます」と答えた。

私は帰宅してから、彼女が口にしたレセプターというのがいったい何かを調べてみた。大まかに言うと、それは脳細胞の末端にあり、他の脳細胞が送り出したものを受け取る小さな器官らしかった。かくして数十億の脳細胞が互いに話し合い、私たちに空腹や悲しみを感じさせたり、自分が共和党支持者だと思わせたりするのである。しかし彼女の話をさえぎりたくはなかったので、そのときは「脳のレセプターのことですか？」と訊いただけだった。

すると彼女は、「そうです。いずれにしても、それを記録できるのは事実です。それに関する研究で、ネーアーとザクマンはノーベル賞に輝いています。『ネイチャー』誌を開いてその記録を見たときのことはよく覚えています。どこで見たのかはもちろん、自分が何を着ていたのかまで」と言った。

彼女が興奮して話しているのを見るのはとても楽しかった。それはまさに、これまで知らなかった何かが存在することを知った科学者が覚える、鳥肌が立つような経験だったのであろう。その瞬間に感じた情動について記述する能力は、科学者がなぜそれほど興奮しているのかを一般の読者が理解するのに役立つはずだ。

「なぜそれほど鮮やかに覚えているのでしょうか？」と私は訊いてみた。

彼女は次のように答えた。「まったく新たな世界の到来に胸さわぎを覚えました。新しい時代の始まりです。分子が開閉しているというのです。それは神経同士のコミュニケーションの基本単位であり、まさに究極の分子生物学だと言えます。彼らは、その電気的な活動を記録する方法を考案したのです。分子の開閉の（……）。それはとても情動的な瞬間でした」

「それほど激烈に感じたのですか」と私。

「ハレルヤコーラスのようなものです。私は、この研究をしているときにハレルヤコーラスが聞こえてこないようでは、生物物理学者として失格だと言うことさえあります」

恐れ

発見の興奮が記憶の形成に役立つのと同じように、恐れも私たちに強力な影響を及ぼす。ローナは私に、彼女が行なっている記憶操作の研究、たとえば脳の化学作用を変えて記憶の保持や削除を可能にする方法に関する研究について話してくれた。それにあたって最初に彼女が着目したのは、恐れを感じているときに形成された記憶についてだった。

彼女は言う。「私はそこから着手しました。その作用は、とても強力だからです。記憶に対する効果が非常に強いので、一回のトライアルで結果が出ました。動物に音を聞かせ、それとともにショックを与えると、次からは〈ショックが来る！〉と感じるかのようにその音を聞くようになります。その感じ、わかりますよね？　何か悪いことが起こるかどうかを学習するのです。〈あのライオンは不愉快だ。もう一度戻ってきたときに、今度は気に入るかどうか確かめてみよう〉などと思うのとは違います。おわかりですよね？　そんな機会が何度もやって来るはずはありません」

「だからこれまで長く、何かを記憶させる情動があるとすれば、それは恐れだと考えられてきたのですね？」と私は尋ねた。

彼女の答えは次のようなものだった。「そうです。なぜなら、実証するのがもっとも簡単な情動だからです。とはいえポジティブな経験も、ネガティブな経験も、記憶に影響を及ぼすことができます」

扁桃体

恐れの活動は、扁桃体と呼ばれる小さなアーモンド状の脳の部位で生じ、ポジティブな経験も、ネガティブな経験も記憶に刻み込まれると彼女は言う。彼女は次のように続ける。「実のところ、どちらも扁桃体で生じます。人々はそのことを正しく理解していません。扁桃体は非常に複雑な組織で、恐怖学習のみならずポジティブな報酬の学習にも関与しています。それは実に興味深い太古の構造で、非常に古いものです。そして非常に基本的な組織なのです」

それを聞いた私は、情動そのものが、知識を手に入れ保持するための古来の基本的な手段であることをこれまで以上に感じ始めた。伝えられたものを保持する唯一の手段ではないとしても、自分の伝えたいことを聴衆に理解し記憶させたいと思っているときに、かくも強力なツールを無視するのは、あまりにも軽率であろう。

次に私は、「専門的な話をするときに一般の人々の情動を喚起するにはどうすればよいのでしょうか？」と訊いてみた。

「ストーリーを使えばいいのです。たとえば、あなたが話していた吻合手術のストーリーのようなものです」というのが彼女の答えだった。

彼女は、私たちが主催しているワークショップに参加したとき、チリの小さな町で死にかけた経験を語る私のストーリーを聞いたことがあったのだ。

緊急救命室の医師は、私の命を救うために真夜中に手術を行なって、私の小腸を一メートルほど切除しなければならなかった。彼は卓越した外科医で、コミュニケーターとしての能力も際立っていた。彼は、いわゆる「末端と末端の吻合手術（end-to-end anastomosis）」を行なわねばならないとわかっていたが、私に説明する際にはその言葉は使わなかった。その代わり、こちらに身体を傾けて私の目をとらえてから、「腸に問題があるようです。悪い部分を取り除いて、一方の健康な部分と他方の健康な部分をつなげる必要があります」と言った。かくもおどろおどろしい名称を持つ何かが、かくも明快かつ正確に説明されるのを聞いたのは生まれて初めてだった。

ローナは、「その話は誰もが記憶に刻むはずです。とても共感にあふれていますから」とつけ加えた。私のストーリーが聴衆の記憶に深く刻み込まれるのは、命がかかった話だからだ。このストーリーは、「患者と話をするときには、ジャーゴンを使わないようにすべきです」と言うよりも、聴衆として話を聞いている医師の心に強く焼きつけられたはずである。

聴衆に情動を喚起させる方法を探すなら、ストーリーはそのもっとも有効な手段になる。ストーリーの魅力には逆らえない。私たちは、それを切望するのだ。

第18章　ストーリーと脳

TVドキュメンタリー番組『シックスティー・ミニッツ』の生みの親ドン・ヒューイットには、お気に入りのストーリーがあった。私は彼を三〇年来知っており、おそらく年に四、五回はそのストーリーを聞いていた。どうやら彼にとって、そのストーリーは決して色あせることがないらしい。それは次のようなものだ。プロデューサーがコーナーの内容の売り込みのためにオフィスにやって来た際、彼らが何らかの争点や変える必要のある法律や横行しているペテンについて口にし始めたら、手をあげてさえぎり「ストーリーを語ってくれ（Tell me a story）」と言うのが常だったのだそうだ。

ドンはこの四語のおかげで、数十年にわたり『シックスティー・ミニッツ』が最高の視聴率を稼ぎ続けられたのだと確信していた。おそらく彼は正しいのだろう。番組の内容はたいてい、シリアスかつ有益なものではあったが、レッスンのようには見えなかった。それは、決してスパイ活動に関する退屈な説明にはならない。つねに一人のスパイの運命に関するストーリーになる。企業の違法行為の分析ではなく、告発者が経験した逆境のルポになる。番組は何度も賞をとり、視聴者の強い支持を得ていた。

科学者が聴衆に向かって話をするとき、『シックスティー・ミニッツ』の視聴者とまったく同じ聞き手に語りかけようとしている。その点では、企業にしても政府機関にしても同様である。彼らは、ストーリーを語るすぐれた感性を備えていなければ、おそらく聞き手の関心を最大限に引くことはできないだろう。

人生はストーリーに満ちている。ところが自分にとって重要なことを誰かに伝えようとすると、私たちはその背後にストーリーが存在することを忘れがちになる。誰もがストーリーを語りたがることを考えれば、これは余計に奇妙に思われる。

このような洞察に至ったのは、ある日友人のグラハム・チェドとストーリーについて話し合っていたときのことだ。グラハムは私の二〇年来の友人で、テレビの科学番組ではっきりと自分の業績を視聴者に伝えられるよう科学者を手助けするために協力し合ってきた。プロデューサー兼監督でもあったグラハムは、ハワイの海岸で漕ぎ舟に乗ってサメを捕獲する冒険に連れて行ってくれたり、科学者のあいだで噴火の時期が迫っていると言われているヴェスビオ火山の頂上に登る話を持ちかけてきたりして、私を数々の危険な遊びに巻き込んできた。チリで例の手術をしなければならなくなったときに、私を救急救命室に連れて行ってくれたのも彼で、つまり彼は私の命の恩人でもある。私たちはこれまでたくさんのストーリーを語り合ってきたが、それまではストーリーそのものについて語ったことはなかった。現在の彼はセンターでサイエンスコミュニケーションの教授を務めていることもあって、私は興味津々であった。だから、どうやってストーリーについて教えているのかを彼に訊いてみたのだ。

この問いにグラハムは、「まず私は、イェール大学で乳児を相手に撮った短いビデオを見せることにしているよ」と答えた。

このビデオはある実験を撮ったもので、『ザ・ヒューマン・スパーク』というタイトルのＴＶミニシリーズで放映されている。この実験のスターは、好奇心が強く敏感な生後六か月の女児ノラであった。イェール大学の研究者カレン・ウィンは、両目に相当する場所に二つのボタン状の形状がつけ加えられた単純な幾何学図形が各キャラクターを演じる人形劇を考案した。登場するキャラクターはごく単純なもので風刺漫画のようであったが、ノラは各キャラクターの顔の抽象性に引きつけられた。ストーリーは次のように展開する。目のついた赤い円が、必死に山を登っている。ところが赤い円が頂上に到達する寸前に、目のついた黄色い三角形が現われて赤い円を押し戻す。すると今度は目のついた青い正方形が赤い円の背後に現われて山頂に向けて押し返し、赤い円は頂上に達することができた。

この人形劇を見終わったあと、自分が気に入ったキャラクターを選択する機会が与えられると、ノラはすぐに協力的な行動を示した青い正方形に手を伸ばした。実験では、ほぼすべての子どもが青い正方形を選択している。乳児でさえ協力的なキャラクターを選好し、善い行ないと悪い行ないに対する感覚を持ち合わせているらしいことは注目に値する。

しかしグラハムは、撮影したフィルムを見て、子どもの心のなかでは何か別のことも生じているのではないかと考えた。彼は言う。「さらに、この人形劇にストーリーをつけ加え、何が起こっているかをストーリーという形態で解釈する能力が乳児には備わっていることを意味しているのだと、私はこの映像を解釈している。〈ああ、あのかたちは山を登ろうとしているんだ。そしてこっちのかたちはそれをじゃましようとしている。でもあっちのかたちは、山に登ろうとしているかたちを助けようとしている〉といったふうに。このように乳児の心のなかでは、自分が見ているものを解釈するために、小さなストーリーが組み立てられるのだと思う」

これはおもしろい見方だが、グラハムは過剰な解釈をしているのではないだろうか？

そこで実験を行なったカレン・ウィンに連絡をとってその点を尋ねてみると、次のような返事が戻ってきた。「過剰な解釈をしているとはまったく思いません。特定の行動の意味を把握するためには、それが善い行為であろうと悪い行為であろうと、そこには物語（ナラティブ）がなければなりません。〈このキャラクターはかくかくしかじかのことをやろうとしている。そこへ別のキャラクターがやって来て前者を助けようとする。そこへ三番目のキャラクターがやって来て、それをじゃましようとする〉などと。このようなナラティブなくして意味を把握することはできません」

彼女は、「重要なのは、赤ちゃんが特定の文脈のもとでできごとを追い、それを理解していることです」と考えている。乳児は文脈を追うことで、より攻撃的な行動を好むようになる場合もある。彼女は言う。「ときに赤ちゃんは、手助けをするキャラクターよりじゃまをするキャラクターを好むことがあります。たとえば、じゃまされたキャラクターが、他のキャラクターに対して卑劣な態度をとっていた場合などです。助けたりじゃましたりする行為そのものが、〈悪い〉あるいは〈善い〉と判断されるのではなく、それ以前に何が起こったかという文脈のもとで判断されるのです」

それを聞いた私はグラハムに、「ある意味で、ストーリーを求める感覚は乳児期にまでさかのぼれるということらしいよ。これらの子どもたちはまだ生まれたばかりだしね」と言った。

するとグラハムは、「生後六か月。ということは、まだのどを鳴らすことができる程度のはずなのに、自分が見たものを統合的に解釈し、心のなかで小さな物語に変えることができる。ならば幼少期を通じて私たちがしているのは、〈むかしむかしあるところに（……）〉などといったストーリーを語るのと同じことだということになる」と言った。

グラハムが「自分が見たものを統合的に解釈し、心のなかで小さな物語に変える」と言ったのを聞いて、私は、数年前に脳科学の第一人者マイク・ガザニガをインタビューしたときのことを思い出した。マイクは、脳の左半球と右半球の接続を失った患者を対象に行なった研究によって画期的な発見をしている（てんかん発作を止めるために、外科医は両半球を結ぶ神経の束（脳梁）を切断していた。それにより事実上、おのおのが独自に機能する二つの脳が形成されたのだ）。

このような二つに切断された脳を持つ患者は、自分が見たものを理解することが困難になる。しかしマイクは、「解釈者（インタープリター）」と彼が呼ぶ理解の機能を左脳に特定した。

マイクは、何かの物体が写った二枚の写真を患者に見せた。その際、患者の左脳のみに、そのうちの一枚、たとえばニワトリの足の爪の写真が見えるよう提示した。それから、別の四枚の写真のなかからそれにもっともふさわしい写真を選び、指で差すよう促した。すると患者は、左脳につながっているほうの手、つまり右手で、ニワトリの足の爪にもっともふさわしい写真としてニワトリの写真を選んだ。

一方、右脳には、雪景色の写真と、シャベルなどの物体が写った四枚の写真が示された。それに対して患者は正しくも、雪景色にもっともふさわしい写真としてシャベルの写真を（右脳につながっている）左手で指した。

左右の脳半球が独自の答えを指した状態で、患者は「なぜあなたはそれらの写真を選んだのですか？」と尋ねられた。脳の一方の側はシャベルが雪景色に、また他方の側はニワトリがニワトリの足の爪にもっともふさわしいと判断したわけだが、実のところ一方の側は他方の側が該当する選択をした理由を知らなかった。そこで左脳の「インタープリター」が作動したのである。それらの写真がマッチしていると感じた理由を尋ねられたとき、患者の左脳は、自分がした二つの選択の理由を理解しなければならなかった。ところで左脳のインタープリターは、ニワトリが選択された理由は知っているが、左手がシャベルを選んだ理由は知らない。それゆえ左脳は、無意識のうちに合理的な解釈をひねり出し、「ニワトリ小屋を掃除するにはシャベルが必要だから」と巧妙に答えた。

マイクは何千回となくこの実験を行なっており、右と左の脳が独立して作用し、奇異な選択をしたときには、つねにインタープリターが、ありそうな説明をひねり出すのを見てきた。マイクは次のように記している。「左半球は何の手がかりも持っていないのに、〈自分にはわからない〉と答えることで満足したりはしない。推測し、あいまいなことを言い、正当化し、因果関係を探して、いつでも状況に合った答えを見つけてくるのだ」

私は、このインタープリターの働きと、私たちがストーリーに大きく依拠していることのあいだには、何らかの結びつきがあるのではないかと考えた。そこで私はマイクに電話して、それらのあいだに何か関係があると思うかどうかを尋ねてみた。

マイクもそう考えていた。

彼の返答は次のようなものだった。「私たちの行動の大多数は、意識の外でなされます。鼻先にさわることから、次に口にしようとしている文を考えることに至るまで。そこから行動や発言が生じるのです。それらの意味を四六時中把握しようとしているのが、左脳が持つこのモニタリング機能なのです。私は、この解釈、つまりストーリー[ストーリーテリング]を語ることが、私たちが他者に対して自己を表現し、また他者を自己の空間に統合するあり方の基盤をなしていると考えています」

「文字通りの意味で〈ストーリー〉なのですか？　それとも一種のたとえとして〈ストーリー〉という言葉を使っているのですか？」と私は訊いてみた。

「たとえではありません。文字通りのストーリーです。私たちはどんなときにも、そうやって自己の行動の意味を理解し維持しているのです」

神経科学者のアントニオ・ダマシオは、ストーリーを「脳が、記憶に刻まれるよう実践的に情報を組織化する基本的な手段の一つである」と述べて同じことを指摘している。

ストーリーテリングが人間の本性の本質的な部分をなしているという科学者の見解を聞くと、多くの人々が、自分たちには語るべきストーリーがあるという事実を理解していないことに驚かされる。

研究生活にまつわるストーリー

グラハムは自分のクラスで、幾何学図形が登場するドラマを乳児が見ているところを撮った例のビデオを科学者に見せてから、自分の研究にまつわるストーリーを考えてみるよう促している。彼は言う。「私たちがしようとしていることの一つは、科学の営みがストーリーに満ちたものであることを科学者に思い出させることにある。あらゆる実験がストーリーであるにもかかわらず、科学者はそれらをストーリーとは見なしていない。どんな実験にも、科学者の心に芽生えた問いが含まれている。そして彼らは、それをもとに何か新しいものを生み出すことができると考えている。計画を立て、実験を行なう。

しかしすべてがうまくいかないこともある。実験は失敗に終わるかもしれない。途中で実験を断念する人もいる。大事なビーカーを落とすこともある。つまり、それは格闘なのだ。しかしやがて解決策が見つかり、より高いレベルに到達する。あるいは到達できずに、どこにも行き着かない場合もあるだろう。しかしたとえ失敗しても、私たちはそこから何かを学ぶことができるのだ」

ストーリーを語る脳

コミュニケーションを促す手段としてストーリーはそれほど重要なのだろうか？　そうであるのなら、いかに役立つのだろうか？

その答えは、脳へのストーリーの影響に見出すことができよう。プリンストン大学の神経科学者ウリ・ハッソンによれば、あなたが私にストーリーを語るとき、二人の脳は非常に現実的なあり方で結びつくのだそうだ。

彼は、それを実証する次のような実験を行なっている。被験者は、ｆＭＲＩ装置に寝かされ、一度も観たことのない映画を観せられる。それが終わってから、その映画のストーリーを誰か他の人に語って聞かせるよう求められる。被験者の語ったストーリー、ならびにそのあいだに生じた脳の活動は記録に残された。興味深いことに、映画を観ているあいだに活性化した脳領域は、そのストーリーを語る際にも活性化していた。しかし真の驚きは、被験者が語ったストーリーの記録をｆＭＲＩ装置に寝かされた他の被験者に見せると、彼らの脳でも同じ領域が活性化したことである。要するにストーリーを聞いているだけにもかかわらず、映画を観ているかのような記録が得られたのである。この活性化は、ストーリーを聞いているあいだ中、生じていた。ウリの説明によれば、「私たちが観察したのは、基本的に語ることによって、映画を観ているあいだに生じる反応の独自のパターンが活性化されることです。（……）それは、あたかも映画を実際に観ているかのように私たちを見せるのです」

「つまり、ストーリーによって情報の交換をすれば、人々は互いの波長をよりうまく合わせられるということでしょうか？」と私。

「私たちがこれまでに得た知見から判断すると、語りはとても驚異的な手段です。それには、人々を真に結びつけ、情報をより効率的に交換し合えるようにする力があります」とウリ。

私は自らの経験から、ストーリーの形態で話をしないと、自分の言いたいことを聴衆がなかなか理解してくれないことを知っている。

ある日大きなディナーパーティーに参加したとき、隣にすわっていた女性が、気を遣って話しかけてきてくれて、最近私がどんなことをしているのかを訊いてきた。具体的に言うと「何かおもしろい映画を撮っているのですか？」と質問された。そのとき私は、それに対してどう答えればよいか迷った。というのも、もちろん私は演技が好きだが、今では科学者と一緒に何かをすることに真に喜びを覚えるようになっていたからだ。その喜びを他の人々とも分かち合いたかった。しかしなぜか私はストーリーを語るのではなく、次のように事実だけを彼女に伝えた。「私はサイエンスコミュニケーションセンターを設立し、科学者や医師が、一般の人々や政策立案者とうまくコミュニケーションを図れるよう支援することにほとんどの時間を費やしています。事実（……）」。ところが私が話し終える前から、彼女の目には困惑の様子がありありと浮かんできた。おそらく彼女は、「何これ？　これでは話に関心があるフリすらできやしない」と思っていたに違いない。

私はそうする代わりに、一人の女性患者のそばにすわって、彼女が診断をよく理解できるよう手助けし、一緒に泣きさえした例の若い医学生の話をすることもできたはずだ。そしてディナーパーティーで隣にすわった女性が、かくのごとく振舞えるよういかにして医学生を導くことができたのかについて訊いてきたら、そこで初めて二、三の事実をつけ加えられただろう。なぜなら、その時点では、彼女は話に関心を持ち始めているはずだからだ。スティーブ・ストロガッツが私に語ったように、講義することの問題は、それが問われてもいない問いに答えるところにある。

ストーリーテリングと数学

私はスティーブと、解析と呼ばれる数学の分野を扱う、彼がこれまで一度も教えたことのないコースを開講する直前に話をしたことがある。彼の話によれば、コースの内容は、それを理解するには、それまでの考え方を転換しなければならないために、多くの学生にとって非常にむずかしいものなのだそうである。高校でやっていたようにただ方程式を解くだけでなく、代数のプロセス自体に関わる証明をしなければならないのだ。スティーブによれば、その過程は学生にはむずかしく、かつ退屈に感じられる。つまり「二重苦」に思える。彼らのフラストレーションは、これまでつねにうまく方程式を解いてきたのに、それまで自分たちがしてきた数学的推論の基盤が妥当であることを突然証明しなければならなくなったという思いに駆られて、さらに炊きつけられる。しかしその方法の学習は、証明を要する予想〔未証明の定理〕を立てることが求められる厳格な高等数学を学ぶにあたっての心構えを築いてくれる。

スティーブは言う。「それを教える通常のやり方は、ストーリーの結末を最初に教えることです。というのも、結末に至るまでにすべてが明らかになっているからです。その段階では、謎はすでに解かれているのです」。しかし彼が提起する問いは、「数学の発展を導いてきた試行錯誤のストーリーを語るべきか、それとも数学における新たな発見のおのおのが、既存の発見の論理的な帰結であるものとして教えるべきか?」というものである。この問いは、ものごとを歴史的に伝えるべきか、論理的に伝えるべきかという問いに置き換えることができる。これら二つのアプローチの違いは非常に大きい。

スティーブの主張によれば、「歴史的なアプローチは、混乱、策略、競争、論争などの人間的で生々しいストーリーを語ることを意味します。それに対し論理的なアプローチは、そのような生々しさや謎をすべて取り去って、きれいに整理整頓された状態ですべてを提示します。数学者は、教えるにあたり後者のアプローチをとるべきだと考えているのです。しかし私は、その逆だと思っています」

数学コースを教えるために彼が採用したアプローチは、人間的な側面からストーリーを開始することだった。「一七五〇年の時点で誰が混乱していたのか?」「なぜ混乱していたのか?」「多少の間違いはあったが、それを正したのは誰か?」「その考えをさらに改善したのは誰か?」などの問いから始めたのである。彼は、一五〇〇年の数学の歴史を一学期分の講義にまとめた。彼の望みは、数学の方法のみならず、その興奮を伝えることにある。彼は、「私はそれをとてもスリリングな冒険物語だと考えています」と言う。

ここで彼が語っているのは、何年も数学を勉強してきた学生に数学を教えることについてである。まして や相手が素人であれば、血の通った人間的なストーリーなくして、その人に数学への関心を持たせられる可能性がどれくらいあるのだろうか？　あまり大きくはないのではないか。

著名な物理学者で数学者のフリーマン・ダイソンは、「数学の素養のない人々を対象に、真の数学を紹介する読みやすい本を書くことなど土台不可能である。誰にでもできる最善の方法は、数学者の真の姿を描くことだ」と述べている。

どうやら、理解が困難な知識を紹介する際に活用できるもっとも有望な手段はストーリーテリングらしい。

ストーリーの構成要素

では、ストーリーとは何だろうか？　アリストテレスは、ストーリーには始まりと中間と終わりがなくてはならないと言ったとされている。それは正しい。しかし、それがすべてだとは思えない。そもそも死んだネコにも、始まりと中間と終わりがあるのだから。

彼は、ストーリーの中間部ではギアを入れ替える必要があると言いたいのではないだろうか。興味深いことに、ギアの入れ替えは『シックスティーン・ミニッツ』でも生じる。全体のおよそ三分の一が過ぎたあたりで、ストーリーが深まったり、意外な方向に展開したりして、視聴者はさらに強く番組に引きつけられるのだ。

ギアを入れ替えないと、ストーリーは、「これが起こってから、あれが起こって、さらにそれが起こった」といったように、単にできごとの通時的な羅列になりやすい。「次に何が起こるのだろう」などとなんとなく思わせることはあっても、視聴者を引きつけてハラハラさせることはないだろう。

思うに、そのような効果を与える要素は、『オイディプス王』をすぐれた劇にしている要因としてアリストテレスがあげている「ドラマチックな行為」なのではないか。主人公は、(彼にとって) 重要な課題を遂行しようとするが、突然行く手に障害が出現する。目的を達成するためには、まずこの障害を克服しなければならない。緊張状態が突然生じる。すべてがうまくいかなくなり災厄で終わるかもしれないからだ。主人公の立場に身を置くことができれば、「彼はこの状況にどう対処しようとしているのだろうか？」などといった積極的な反応を自然に示すことができる。

私がドラマチックなストーリーを特に好むのは、演劇界出身だからかもしれない。私はこれまでの生涯を通じて、登場人物の行動を追い、戦いに勝利するよう主人公を応援する観客の熱狂を毎晩肌で感じてきた。シリアスなドラマか些末なコメディかは関係がない。登場人物が必死に何かをしている最中に行く手を阻まれれば、観客は劇に熱中したのだ。

別の本に書いたことがあるが、コミュニケーションについて講演するときにはいつも、私はこの考えを明確に聴衆に伝えるよう努力している。その際、観客のなかからボランティアを募り、手をあげた人に舞台を横切って空のコップを運ぶようお願いする。するとたいてい、その人は自意識過剰気味になってクスクス笑いをする。空のコップを運ぶことに大した意味はないからだ。

次に私は、あと一滴垂らしたらこぼれてしまうくらいコップに水を目一杯注ぎ、もう一度舞台を逆方向に横切ってテーブルに置くように言う。そして、「慎重に運んでください。一滴でもこぼしたら、村人全員が死ぬことになります」とつけ加える。

観客の誰もが、そんな村など存在せず誰も死んだりはしないことを知っている。しかしこの設定は、観客の注意をコップに引きつけるに十分なほど強力だ。コップの側面を一滴でも水がこぼれ落ちれば、観客のため息が聞こえてくるだろう。

ボランティアが非常に苦心してコップを運びテーブルに置いたあとで、私は観客に「一回目に舞台を横切ったときと、二回目に横切ったときのどちらが、より強い関心を引きましたか?」と尋ねてみた。観客は、その問いに笑いで答えた。私たちは目的を持つ人物には自分を重ね合わせることができる。だが、目的を持ち障害に出くわした人物は応援するのだ。

そもそも目的を持つこと自体が非常に重要である。主人公は何を望んでいるのか? 今すぐに冒険に駆り立てられるほど主人公にとって大切なものとはいったい何か?

私は役者として、自分が演じる人物が何を達成しようとしているのかを考えずに舞台に立つことはなかった。この心構えは、ドラマを演じる際には必須のものである。私はよく、舞台の袖に「自分が何をしたいのかが、そしていかにそれを達成すればよいのかが心底からわかっていない人は、ここから先に立ち入ってはならない」と記した看板を立てておくべきだと思うことがあった。

これは非常に有益なアドバイスなので、私は聴衆を前に話をするときにも留意するようにしている。「私はなぜここにいるのか?」「誰に話しているのか?」「自分の目的は何か?」「私の任務は何か?」などと自問しているのだ。

そして私はストーリーを語る。障害が出現するやつだ。目的も重要だが、ストーリーの緊張が高まるのは障害が姿を見せてからである。障害は観客にギアチェンジをさせ、賭け率を上げる。目的を達成できなくなる可能性ばかりでなく、すべてを失う危険性さえ出現するのだ。村人全員が死ぬかもしれない。

かくして突如としてストーリーの中間部が意味を持ち始め、アリストテレスの死んだネコは生き返る。わがセンターのライティングクラスでストーリーテリングを教えているクリスティーン・オコネルが、それを次のようなグラフに表してくれた。

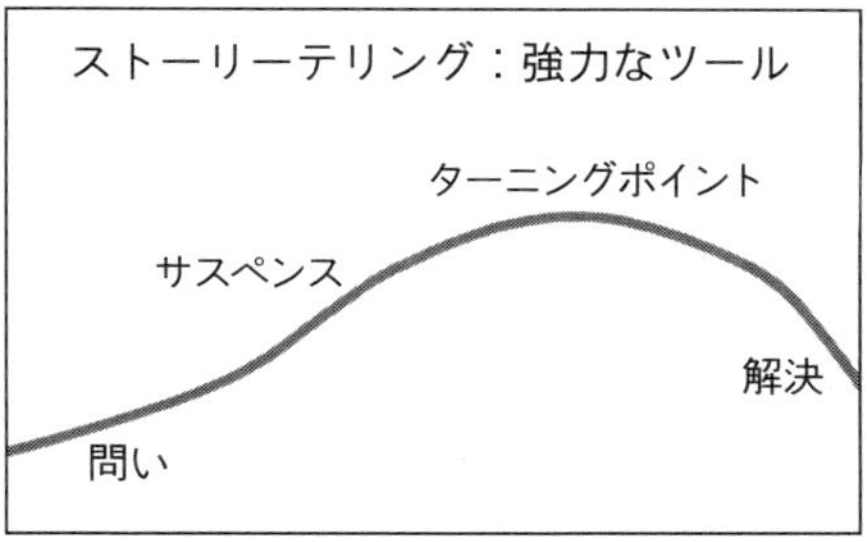

ストーリーテリング：強力なツール

ターニングポイント

サスペンス

解決

問い

ストーリーは、「問い」と書かれている図の左端の位置で始まる。クリスティーンにとって、この箇所は、主人公が何を達成しようとしているのかを聞き手にわからせ、彼女の言葉を借りると「このストーリーはどんな話なのか？」を理解させる部分である。クリスティーン自身も科学者であり、ストーリーの発端を科学のプロセスに近いものとして見ている。彼女によれば「〈問い〉は仮説に相当する」。そこで「これから何を発見しようとしているのか」を示すのである。しかし実験では、自分が発見したいと思っていたものを最後に必ず発見できるわけではない。実験でも、人生でも、すぐれたストーリーにおいても、必ずや行く手に障害が待ち受けているのだ。

ここで中間部分の重要性がぜん増してくる。障害によってストーリーが錯綜し、あらゆるものごとが疑問の対象になると、私たちはそこにサスペンスを感じる。そしてサスペンスが高じたところでターニングポイントがやって来る。そこで事態は好転するか、もっと悪くなる。

このような展開は読み手を強く引きつける。なぜなら、誰かが何かを達成するために苦闘する様子には、心を奪われざるを得ないからである。「穏やかな日に誰かが公園を散歩している」という描写では、「嵐の中で身をかがめながら懸命に歩いている」という描写ほど強く読み手を引きつけられないだろう。

対立する見方

楽観的すぎるのかもしれないが、私はこの種の逆境の力が書くときにも有効なのではないかと考えている。ある見方を提起したあとで、それと対立する見方を提起して対抗させれば、顔面に強風が吹きつけてくるように感じられるだろう。

この力は、リンカーンの行なった輝かしい演説にも見出すことができる。それは次のようなものだ。「八七年前、私たちの祖父たちは、自由を懐胎し、誰もが皆平等に生まれてくるという考えに専心する新しい国家をこの大陸にもたらした」

次に、それと対立する見方が提起される。「今や私たちは市民戦争のさなかにある。まさにそのような自由と平等を擁護する国家が、長く存続できるかどうかが試されているのだ」

私たちは前進し、やがて行く手に障害が立ちはだかる。すると「私たちはどれだけ耐えられるのだろうか？」などと、それまでとは違ったあり方で、ものごとに注意を向けるようになる。舞台を横切る歩みは、今回はそれほどスムーズでなくなる。こぼせば災厄を招く水が、コップになみなみと注がれているからだ。私たちは、その歩みがいかなる結末を迎えるかを知りたくなる。

このようにして、書くことが自己とのダイナミックな対話になり得ると、私は考えている。そうすることでわずかでも説教的な部分が削られ、感謝祭の日に皆でテーブルを囲んでいるときに、自分で発した問いに自分で答え、対立する見方があり得ることをまったく考えない、居合わせた誰をも疲れさせるおじのごとくならないようにしてくれるのだ。

それだけではない。

科学において対立する見方を容認することは、私たちの目に科学を非常にダイナミックな営為であるように見せている要因の一つだと、私は考えている。科学者は、「何かが起こっているようだ。だが、私は間違っていないだろうか？」と自問する。そして敢然と疑問をぶつけ、対立する見方を提起することで、リスク、緊張、サスペンスに満ちた冒険の道を歩む。かくして、情動的なドラマに満ちた実験が繰り返される。やがてドラマはターニングポイントを迎える。そこでは、私たちは自己を科学者に重ね合わせ、新たな知識を手にできるかもしれないし、できないかもしれない。さらにそれはストーリーの結末につながり、それまでは持っていなかった新たなものの見方や理解の方法の会得へと至る。

このような対立し合う力を調停しようとする努力を描写することで、技術一辺倒な記述になってしまうのを避けられ、読み手の情動を強く喚起して、結果に対する期待をいやが上にも高められる。

オリンピック競技の記録は、数分の一センチメートルや数分の一秒の差で決まり得るが、自分の応援している選手が逆境を克服して勝利を勝ち取ったのだということを知れば、その瞬間を見る感激はますます高まるだろう。

それと同様、科学のどんな実験にも、科学者の生涯にも、その意味ではビジネスの世界でトップにのぼりつめた人の生涯にも、その背後には逆境経験を含め、生き生きとしたストーリーがともなっているはずである。

グラスベイビー――顧客とのコミュニケーション

『ニューヨーク・タイムズ』紙で、ある個人ビジネスについて読んだとき、私はその記事を切り取ってスクラップブックに貼ろうとする衝動を抑え切れなかった。リー・ローズは、「グラスベイビー」と彼女が呼ぶろうそく立てを販売する店をシアトルに開いて成功した。このビジネスはとても繁盛していたので、ニューヨーク市に進出することにした。しかしそこでは、ビジネスはそれほどうまくいかなかった。ニューヨーク市民にとって製品の価格は高すぎると思えたらしく、思っていたほどの客の入りがなかった。また、客が店に立ち寄っても、家に持ち帰るにはガラスのろうそく立てはあまりにも重そうに見えたようだ（シアトルとは違い、顧客は、車で店に乗りつけて来るわけではなかった）。したがって払わねばならない賃貸料に比べ、売り上げはとぼしかった。そのようなわけで数年後には店を閉めなければならなくなった。なぜニューヨークでは失敗したのかを考えあぐねた末、彼女は十分に準備が整っていなかったことに気づく。そして、自分の足で現地調査を行なうことをせず、ニューヨーク市民には「ボルボの後部座席」に重いろうそく立てを包んだバッグを乗せる習慣などないことに気づかなかった自分を後悔した。また、さらに重要なことに、「顧客にストーリーを語らなかった」ことにも気づいた。シアトル市民が知りニューヨーク市民が知らなかったことに、リー・ローズが、がんを三度発症し、病気から回復するたびに、あることに助けられたと感じた経験を持つサバイバーであるという事実があった。あることとは、カップに立てた小さな灯明によって慰められたことである。それから彼女はアーティストを雇ってろうそく立てを作らせ、友人に贈り始めた。そしていつからか、それを「グラスベイビー」と呼ぶようになり、自宅のガレージで販売するようになった。そのとき彼女は、病院の待合室で出会った患者を思い出した。彼らの多くは、彼女のウェブサイトの記述によれば、「化学療法を受けているあいだに必要な、バス代、子どもの養育にかかる費用、食費などを捻出できなかった」。そこで彼女は、がん患者を支援する慈善団体に収益の一〇パーセントを寄付することにしたのである。

彼女が『ニューヨーク・タイムズ』紙に語ったところでは、「それは単なるろうそく立てではありません。しかし私たちは、それを説明する労をとらず、ニューヨーク店のスタッフにそれについて顧客に伝えるようトレーニングするのを怠っていました」

数年後彼女は、新たな支店をサンフランシスコに開設した。今度は、近辺をしっかりと調査し、またサンフランシスコは、スタッフをトレーニングし管理するにもニューヨークほど距離的な不都合がなかった。

さらに重要なのは、今回はストーリーを語るようになったことだ。彼女のウェブサイトには、収益の一〇パーセントを寄付している数十の慈善プロジェクトが一覧されている。

収益は急上昇している。これを書いている現在、彼女は三五〇〇万ドルを、「金銭的、情動的な支援を必要としている」人々を支援する慈善団体に寄付している。自分の足で現地調査を行ない、スタッフのトレーニングを行なうのに距離的に不都合にならない場所に支店を構えるという戦略が、彼女の成功の秘訣であったことは間違いないだろう。しかしストーリーを語ることも、それと同程度に重要だったのではないだろうか。

科学者が資金を必要とするとき、商売で消費者の想像力に訴える必要があるとき、両親が子どもに知恵を授けたいと思っているとき、それらを達成するためのもっとも効果的な方法は、ドラマチックなストーリーを語ることだと、私は考えている。ただし一点心得ておくべきは、ストーリーを語るとき、主人公に舞台をあまりにも楽々と横切らせてはならないということだ。

空のコップを運ぶだけではドラマチックとは言えない。コップのへりまで水をなみなみと注いでおかなければならないのである。

第19章　共通性

ストーリーはコミュニケーションを成功させる近道なのかもしれないが、プリンストン大学の神経科学者ウリ・ハッソンによれば、ストーリーテリングには無視してはならない側面がある。それを無視すれば近道ではなく難儀な道と化すだろう。

人々の心は、ストーリーに耳を傾けることでシンクロする。しかしこのプロセスは、語り手と聞き手のあいだに何らかの類似性が存在することに強く依拠する。彼によれば、「語り手と聞き手のあいだに共通性があればあるほど、理解はそれだけ進む」

「どんなタイプの共通性なのですか？　教育、地理、育ち、文化、これらのうちどれが共通であることが重要なのですか?」と私が訊くと、彼の答えは「それらの全部だと思っています」であった。

語り手と聞き手のあいだに共通点があればあるほど、MRI画像ではそれだけ二人の脳は互いにシンクロするはずである。ウリの説明によれば、その理由は、ストーリーのさまざまな要素について聞き手がすでに知っていることを語り手が利用し、それらを新たなかたちでつなぎ合わせるからなのだそうだ。しかしどのようにそれが機能するのかは、私にはよくわからなかった。会話は次のように続いた。

ウリ：たとえば食事の最中に昨夜観た映画を思い出したとすると、私は昨夜の映画の記憶を持っているということになる。そうですよね？

私：そうです。

ウリ：昨夜見た映画について私が語るのを聞いているあなたは、その記憶を持っていません。あなたはその映画を観ていませんから。そうですよね？　その映画がニューヨークを舞台とする探偵物だったとします。私は、（その映画に関する）記憶を呼び起こさなければならないし、あなたは私の話を理解するために、探偵や殺人が何を意味するのか、あるいはニューヨークでタクシーを転がすことがどのようなことなのかについて知識を持っている必要があります。そうですよね？　当の映画に関する記憶はなくても、あなたは私の話を理解できるし、実際に映画を観ているように感じるかもしれません。違いますか？

私：ということはある意味で、あなたは昨夜観た映画を語るにあたり、関連する記憶の断片を集められるよう私を導き、ストーリーとそこで起こる事件の文脈を頭のなかに形成できるよう手助けしているということですね？

ウリ：まさにそのとおりです。殺人とは何かを知らなければ、殺人ミステリー映画のあらすじを聞かされても何のことかさっぱりわからないでしょう。そうですよね？　コミュニケーションには興味深い側面があります。あなたと私のあいだのコミュニケーションは、私が話していることをあなたが理解できるかぎりにおいて成り立つのです。

私：だから教師は、学生が何を知っているのかを確かめたうえで、それをもとに話をしようとするのですね？

ウリ：まさにそのとおりです。

しかしそこには落とし穴がある。最善のコミュニケーションを行なうためには、語り手と聞き手がただ類似しているだけでなく、類似していることに**気づいている**必要があるのかもしれない。

親近感

ジェシカ・ラヘイは、作家でもあり教師でもある。彼女は、親近感がいかに重要なものであるかを、それが拒否されたときに気づいたのだそうだ。

彼女は、リハビリセンターに収容されている麻薬常習者やアルコール依存症患者を対象にライティングを教えている。しかし彼女は、自分の言いたいことが生徒たちに通じていないのを見てフラストレーションを募らせていた。彼女自身にも理由は定かでないが、「完全に密封された泡」に入って教えているかのような、つまり彼女が泡の内側にいて、生徒たちが外側にいるような感覚をおぼえていたのだ。

彼女のフラストレーションは、この問題を分析できる人にたまたま会議で出会うまで続いた。その人、ハンター・ジェルバックは、教育における親近感の重要性について研究している。彼と話したジェシカは、なぜ自分が泡のなかに閉じ込められているかのように感じるのかを悟ったのである。

それまでの教育現場とは異なり、リハビリセンターでは機密事項に関する厳格な決まりを遵守しなければならなかった。そのため、彼女は生徒たちの日常生活について何も知ることができなかったし、生徒たちのほうでも彼女の人となりについて何も知らなかった。だから彼女も生徒たちも、互いの共通性を見出すすべを持っていなかったのだ。

ジェルバックは次のように語ったのだそうだ。「他者の思考や感情を知ることが重要なのです。教師は、生徒がどのような状況下で、なぜ誤りを犯すのかを理解するために、できる限り彼らの思考プロセスを把握できるようでなければなりません」

彼は学習を社会的なプロセスと見なし、生徒と教師の関係を探究していた。

ジェルバックは数百人の九年生と彼らの教師を対象に、年度初めに質問票を用いた調査を行なった。「趣味は何か?」「どんな生徒を友だちにするか?」などといった日常生活における自分の好みに関する一連の質問に答えてもらったのだ。それから五週間が経過したあと、彼は教師と生徒に別の質問票に答えてもらい、生徒と自分のあいだに五つの共通性を見出した教師は、そうでない教師に比べ、自分の生徒により親近感を覚え、より良好な関係を築けていると感じていることを見出した。この共通性の感覚は、学習に影響を及ぼしていた。ジェルバックによれば、その結果、「これらの無作為に選ばれた生徒たちは、クラスでよりすぐれた成績を収めています」

五つの共通点からこれだけの結果が得られたのである。

ジェルバックが指摘するように、これはたった一つの研究結果にすぎず、それを広く推奨するのは性急にすぎる。しかしいかなる問いに関しても、たった一つの研究結果が最終的な解決方法を導くことはめったにないとしても、それによって有望な探究の道筋は示し得る。

私の考えでは、共通性に対する気づきが探究に値するのは、他者の思考を理解するのに役立つからである。

たとえばハーバード大学の科学者たちは、被験者が他者の心を読むあいだにMRI画像を撮影するという研究を行ない、相手が自分に似ていると被験者が見なしている場合、他者の心の状態をよりよく読めることを発見している。

どうやら類似性の感覚は、相手と波長を合わせるのに役立つらしい。それが正しいのなら、コミュニケーションの相手に互いの共通点を思い起こさせることは非常に有益であろう。母と娘が、音楽の好みなどのいくつかの共通点を持っていれば、むずかしい会話もそれだけ楽にできるようになるのではないか。

類似性の力を示す、私にとってもっとも印象的な事例は、第一次世界大戦のさなかの一九一四年に起こった、いわゆるクリスマス休戦に見て取ることができる。

イギリスが第一次世界大戦に突入したとき、多くの兵士はクリスマスまでには家に帰れるだろうと思っていた。しかし数か月が経過しクリスマスが近づいてきても、彼らは、冷たい水たまりがあちこちにできた塹壕に釘付けになって、ネズミやシラミに取り巻かれながら、カビの生えたパンを食べていた。しばらくすると、イギリス軍兵士たちは、食事時になると敵が射撃を中止し、一時間後に再開するのに気づき、自分たちもその合間を利用して食事をとるようになる。この約束事は発展した。あたかも戦争中にタイムアウトをとるかのように、両軍とも五時になるまで激しく砲火を交えたあと、完全な静寂がやって来たのだ。そして正確に六時になると、再び火蓋が切られた。

すぐに両軍とも、食事時であろうがなかろうが、ときおり敵対行為をしばらく中断するよう示し合わせるようになった。あるとき、明らかな親近感に基づいて、決定的なコミュニケーションが生まれた。一人のドイツ軍兵士が、「われわれはサクソンで、きみたちはアングロサクソンだ。きみたちが火蓋を切らなければ、われわれも切らない」と叫んだのである。クリスマスイブになると、両軍とも互いの文化の類似性を無視できなくなった。イギリス軍兵士の耳に、ドイツ軍兵士が歌うクリスマスキャロルの歌声が聞こえてきたのだ。

英国戦争博物館のマルコム・ブラウンは、ラ・シャペル＝ダルモンティエールの塹壕に詰めていた一人の兵士の回想を引用している。それによれば、「その夜、空には美しい月がかかっていた。地上はほぼ全面真っ白な霜で覆われていた。夜の七時か八時になった頃、ドイツ軍の塹壕がやかましくなり、そこから光がもれてきた」。この光は、即席のクリスマスツリーに飾られたろうそくから発せられたものであることがやがてわかる。「それから、彼らは〈サイレント・ナイト〔きよしこの夜〕〉を歌った。私は決して忘れない。それは私の人生のハイライトの一つだ。私は〈何と美しい曲か〉と思った」

イギリス軍兵士は、「ファースト・ノエル」を歌い、「楽しいクリスマスを」と殴り書きした看板を掲げてそれに応じた。こうして彼らは夜通し歌い合ったのだ。

クリスマスの朝がやって来ると、前線のあちこちで、両陣営の兵士たちがゆっくりと塹壕から這い出してきて、無人地帯の真ん中で対面し、タバコやシュナップスやチョコレートを交換し合った。前線に沿った三、四箇所では、誰かがどこからかボールを持ち出し、凍った地面の上に帽子を置いてゴールの位置を決め、両軍の兵士が参加してサッカーを始めた。

あるイギリス軍兵士など、かつて髪を刈ってもらっていた、ロンドンで床屋を開業していた、あるドイツ軍兵士に再び髪を刈ってもらっている。こうして両軍とも、開放感と陽気な気分に浸っていたのである。

私がこのストーリーを取り上げたのは、共通性が持つ力を示す意義深い例であるように思われるからだ。何か月にもわたって自分たちを何度も攻撃してきた人々に、互いに何かを共有していることを示すことで、しばらく戦闘を止められるのなら、そこでは何か重要なことが起こっているはずである。ならば、望むことが、自分の言葉に相手の注意を引きたいだけであれば、それを達成するのは戦場に比べればはるかに容易であろう。

しかしどちらの陣営にも、そのような親密性を好まない将軍たちがいた。彼らは、敵の兵士との親交が裏切り行為であることを部隊に周知した。それ以後、両軍の兵士が塹壕から出てくるときには銃剣を装着していた。

戦うためには（おそらく、粗悪なコミュニケーションのもっとも極端な形態であろう）、敵への親近感のなさが、心の状態として望まれるのだ。

致命的な親近感のなさ

一九一八年にアメリカが参戦するまでに、ジョン・J・パーシング将軍は、フランス軍兵士が受動的になって敵を攻撃する意志を失うだろうと感じていた。そしてアメリカ軍兵士も塹壕戦によって同様な影響を受けることを心配していた。とりわけ兵士たちは、敵の首をかき切ることにためらいを感じているようだったからだ。

そこで彼は、麦わら製の人形を使って銃剣突撃の訓練をするようアメリカ軍兵士に要請した。その目的は、敵の兵士から親近性を取り除き、銃剣の標的を非人間化することにあった。ただの袋に描かれた円をめがけて銃剣を突き刺し、そこに少しでも敵の姿を思い浮かべられるのなら、その敵はモンスター以外の何ものでもない。あるインストラクターは、「銃剣を人形に突き刺すときには、それを敵と見なせ。そしてヤツは、これまでこの戦争で、地面に倒れて苦しんでいる兵士や無防備な捕虜の傷を銃剣で刺し貫いてきたのだと考えろ。（……）スポーツマンのように戦おうなどという考えは捨てろ。ヤツらを憎め」と言い放ったのだそうだ。

戦時下では、敵に対する親近感のなさが執拗に強調されるのに対し、平和時には、私たちは互いのあいだに、類似性の徴候をぎこちなく求め合う。

政治家は選挙期間中、地元の有権者に取り入ろうとして奇妙な儀式に走る。ほんとうは小さなキッシュ［フランスのアルザス＝ロレーヌ地方の郷土料理］やホワイトワインを好んでいるにもかかわらず、串に刺さった揚げ物を無理に食べようとするのである。私たちはその様子に慣れきっているため、そのうそ臭さを気にも留めない。その種の儀式は、選挙に当選するための常套手段になっているのだ。

私たちは親近感の磁場に引き寄せられて、映画の続編を観に行ってしまう。続編はたいてい、もとの作品より劣るとわかってはいても。

いくつかの研究によれば、人は、自分の人生のなかに繰り返し現われる人に対してロマンチックな魅惑をより感じやすい。職場での恋愛は、その格好の例であろう。

これらすべてを考慮すると、次のように結論づけられる。うそ臭く見えなければ、また特定の視点に固執したり、高飛車な話し方をしたりしなければ、聴衆との親近性をしっかりと確立すればするほど、それだけ聴衆は自分の話に耳を傾けてくれるはずであり、ときには受け入れてくれることもあり得る。

第20章　ジャーゴンと知識の呪い

抗しがたいハイドロフロキシアの香り

妻のアーリーンと私は庭園を散歩している。今は春だ。黒い冬の大地から、新たな生命が、太陽に向かって渦を巻くように伸び始めている。歩いている途中、妻は道端に咲いている花の名前を口にする。ヒアシンス、キンポウゲ、アイリスなどと。名前を口にすることで、花々に対する愛情を示しているつもりなのである。さらに、アネモネ、クロッカス、スズランと嬉しそうに続ける。しばらくすると私は我慢がならなくなって、彼女が見落としていた花を指して次のように言う。

「見てくれ、あの豪華なハイドロフロキシアを」と。私はそう言うやいなや、自分が内部事情に通じていることに喜悦を感じる。妻は平然とした顔をしている。それがでっち上げであることを知っているのだ。

一瞬私は、植物学もどきの私的言語〔特定の個人だけに通用し、他人に伝達することが不可能な言葉〕を口にすることに喜びを感じた。そんな言葉が実際に存在するか否かは、私にはどうでもよかった。二人とも私が冗談を言ったことをわかってはいたが、私は空想の言葉をでっち上げておもしろがった。私的言語には莫然とした魅力がある。人を酔わせることもある。ジャーゴンもそれに似ている。それがめったに使われない言葉であればあるほど、すなわち自分以外に理解できる人が少なければ少ないほど、その言葉はハイドロフロキシアと同じような様相を帯びてくる。それには魅惑的な香りが漂っているのだ。酔うことすらある。

その好例としてアイク・アントカーレ氏の論文「スケーラブルなモダリティを用いた場所アイデンティティ分離の発達（Developing the Location-Identity Split Using Scalable Modalities）」があげられる。タイトルも印象的なら、論文のイントロダクションも恐ろしく印象的だ。

原子的なコミュニケーションが持つ意義は、非常に大きく浸透力が高い。ステガノグラフィー〔データ隠蔽技術の一つ〕の専門家が「賢者」の元型に結びつけて考えているこの概念は、いついかなるときにも直感的だと見なされている。それに関して言えば、この概念は、ワールド・ワイド・ウェブの開発を通して直接的にもたらされた所産でもある。かくしてライトバックキャッシュ〔ＣＰＵのキャッシュメモリの動作方式の一つ〕とＤＨＣＰ〔ＩＰアドレスなどの情報を自動的に割り当てる仕組み〕は、Ｅビジネスが洗練される道を開いた。

この論文の唯一の問題は、内容が最初から最後まででたらめであることだ。でたらめに見えるのではない。わざと無意味になるよう書かれているのだ。そもそもこの論文は人間が書いたものですらなく、著者はコンピューターである。

アイク・アントカーレは、フランスの研究者シリル・ラベーによって作り出された架空の科学者の名前である。ラベーは、アントカーレのようなゴーレムが、ほんものの科学者に混じってインターネット上で名をなすことができるかどうかを知りたかったのだ。

確かに名をなすことができた。ラベーは（MITの大学院生たちが開発した）SCIgenと呼ばれるコンピュータープログラムを用いて、二、三回キーボードのキーを叩くだけで数十本のニセ論文をひねり出した。わずかのあいだに架空の科学者アントカーレの書いた論文は何度も引用され、ラベーによれば「科学界における偉大なスターの一人」になった。そうなったおもな理由は、これらのニセ論文が、他の組織が引用数によって著者を評価する際に利用していたグーグル・スカラーによって検索されたからである。ラベーがシステムを手玉にとったあと、グーグル・スカラーはアイク・アントカーレを、引用数がもっとも多い著者一覧の二一位にランクした。その数はジークムント・フロイトには及ばないが、アルベルト・アインシュタインより多かった。

ゴーレムが支配したのである。

ラベーは、それでも満足しなかった。SCIgenで作成された論文を検出するプログラムを開発して、そのようなニセ論文が一二〇本、論文審査のある専門誌に受け入れられ掲載されているのを発見する。ラベーから報告を受けた専門誌の出版社は、それらの論文を撤回し、少なくとも一社は査読プロセスを改善する旨発表した。

出版社が論文を撤回しなければならなくなったのは、難解さのためではなく、でっち上げられた難解さのためであったのは実に興味深い。

こうしてＳＣＩｇｅｎを開発したＭＩＴの三人のコンピューター科学者は、ジャーゴンが無節操に流布することで、ニセ論文の作成へと至る扉が開かれ得ることを示したのだ。ナンセンスが非科学を生むのである。彼らは、論文審査の信頼性をテストする手段として利用できるようＳＣＩｇｅｎを開発した。どの程度ニセ論文が通ってしまうのか？　どうやら多くの場合、いともたやすいらしい。

ネット上には、他にもジャーゴンをひねり出すサイトが存在する。私は「Automatic SBIR Proposal Generator」と呼ばれるサイトを利用して、アメリカ国立衛生研究所（ＮＩＨ）の助成金を獲得するための申請書を作成した。数ページにわたる申請書を作成するのに、一分もかからなかった。以下にその一部を紹介しよう。

ハイドロフロキシア効果

技術抄録

ハイドロフロキシア効果に基づく技術は、レーザーによって調節された可変の直交性を適用することで、帯域制限を引き起こす間接的な問題群に対処する。この技術は、ＮＩＨに定量的な記憶をもたらすだろう。（……）ハイドロフロキシア効果に基づく技術の開発に成功すれば、世界中の人々に恩恵をもたらす対称的なメインフレームへの数々のスピンオフへと結果するだろう。

ハイドロフロキシアの研究が世界中の人々に恩恵をもたらすことがわかって、実に心強い。とはいえ、この革新的な研究の申請書をＮＩＨに提出するのは、やめておいた。何しろ彼らは、ほんものの申請書を解読するのに多忙をきわめているからだ。

ジャーゴンの有用性

ジャーゴンには利点もある。そもそも、独自のジャーゴンを発達させることのない分野など存在しないだろう。映画の撮影現場に足を踏み入れて、「あそこのセンチュリーにくっついたゴボをとって、そのついでにハーフアップルとクッキーを持ってきてほしい。急いでくれ。これはマティーニショットなんだ」などと言われれば、あなたは目を白黒させるしかないはずだ。ゴボとは濃い陰を投影する遮光板を意味し、センチュリー社によって製造されたスタンドに装着されている。またクッキーは羽状の陰を投影するための、パターン化された切り抜きを貼られた板を、ハーフアップルはリンゴ箱の半分の大きさの小さな台を意味する。ハーフアップルには、カメラ、照明、背の低い俳優が乗せられる。マティーニショットはその日の最後の撮影を意味し、それが終われば全員が家に帰り、マティーニを楽しむ。

なぜこのような奇妙奇天烈なジャーゴンの例をあげたかというと、ジャーゴンには漠然とした起源に由来するものが多いのは確かだが、通常は具体的で有用な意味が込められていることを指摘したかったからだ。たった一つの言葉によって、五ページ分の文章の意味を表現できることさえある。同じ分野に属する人々が、言葉の意味に関する知識を共有していれば、一語で済むところを五ページ分の文にして伝達し合う必要などないし、そうすべきでもない。このように、相手を選んでジャーゴンを使えば時間の節約になり間違いも少なくなる。「あそこにある黒いもやもやしたものを持ってきてくれ」と言うより、「ゴボを持ってきてくれ」と言ったほうが間違いは起こりにくいはずだ。

しかしジャーゴンであろうがなかろうが、相手と自分のあいだで言葉の意味が共有されていなければ話にならない。私は、ナノ科学者と神経科学者が集まり、脳を研究する新たな方法の探究をめぐって協力し合うことを目指して、ワシントンで会議が開かれたときの話を聞いたことがある。会議が始まる前から、「プローブ」というたった一つの単語の意味が互いのあいだで一致せずに混乱をきわめ、時間を無駄にしたのだそうだ。

日常用語でさえ、相手がジャーゴンとしてそれを使っている場合には、まさにそのような不可解な言葉と化し得る。

ほぼあらゆる職業にジャーゴンが忍び込んでくる理由は他にもある。ジャーゴンを使うと気分が高揚するのだ。私がハイドロフロキシアという言葉を口にしたときにも、ハイな気分になった。自分にしかわからない言葉を使って喜悦に浸っていたのだ。とはいえ、他に誰も使わないのであればまったくの無用の長物だが、一定の範囲の人々だけに通用する語彙が無条件に有害であるわけではない。簡略化された表現を共有することで結束が強化されることもある。「こんな言葉を使うのは、われわれだけだ」「少なくともその点で、われわれは特別なのだ」というわけだ。些細な手段に思えるかもしれないが、チームを形成するのに役立つのなら、参加してしかるべき人を排除する目的で用いられない限り、使って損はないだろう。それに対し、患者を前にして本人が理解できないような言葉を使う医師は、結束を高めようとしているとは言えない。

ジャーゴンを使うことのもっとも瑣末な理由は、それが自分を賢く見せてくれることであろう。とはいえ、相手もジャーゴンを理解することができるのなら、その人は自分と同程度に賢いことになり、よって自分にとって何の得もない。また聞き手がジャーゴンを理解できなければ、そのような意味不明な言葉を用いる自分は、相手からするとさして賢くは見えないだろう。

ジャーゴンが危険なのは、自分が他者に理解してもらいたいと思っているまさにそのことを埋もれさせてしまいがちだからだ。ジャーゴンの皮肉なところは、言いたいことを実にうまく正確に表現できたと自分では思い込み、その話が相手にまったく通じていないことに当人がまるで気づいていない点にある。そのようなとき、私たちは一種の流行病にかかっているとも見なせよう。

知識の呪い

この奇妙な心の状態の存在に私が初めて気づいたのは、チップ&ダン・ハースが書いたコミュニケーションをテーマとする有益な本『アイデアのちから』を読んだときだった。またスティーブン・ピンカーは、スタイルに関する著書で知識の呪いについて述べている。このように何人かの著者が、コミュニケーションを論じるにあたり中心的な問題としてこの概念をあげている。この問題がコミュニケーションの中心にあるという点に関しては、私も同意する。しかしこの言葉は、一九八九年に三人の経済学者によって導入された、コミュニケーションではなく、ビジネスやファイナンスを扱う論文に由来するのであり、その事実は実に興味深い。

コリン・キャメラー、ジョージ・ロウ－ウェンスタイン、マーティン・ウェバーは、たとえば自分が買いたいもの、売りたいものについて相手より多くの知識を有していることが優位性をもたらすか否かを調査する研究を行なっている。その結果は、知識をより多く持っていると不利になる場合が多々あるというショッキングなものだった。知識が重荷や、あるいは呪いにすらなるとは、いかにもナンセンスであるように思える。もちろん、問題は知識そのものにあるのではなく、知識がなければどうなるのかが想像できない点にある。その理由は、三人によれば「自分が持つ余分な情報を無視することができない」からである。知識の所有には、初心者の観点で、すなわち知識を持つ以前には可能であった方法でものごとを見ることを不可能にする作用がともなう。また、相手が知らないことを自分が知っていることに気づいていなければ、自分のほうが不利な立場に置かれ得る。というのも、相手より自分のほうがより多くを知っているという事実に気づいていないと、自分の立場を過小評価しがちになるからだ。

一例をあげよう。あなたは中古車を売ろうとしていたとする。そして走行距離はたいしたことがないが、悪路を走り続けたためにあちこちがかなり痛んでいることを知っている。その情報をわざわざ開示する必要はないが、その事実がつねに頭に浮かんでくる。だから無意識のうちに、自分が知っていることを相手も知っていると思い込み、希望価格を必要以上に低く設定してしまう。

取引では、知識の豊富な人が、自分が何かを知っていれば、誰もがそのことを知っているはずだという感覚を捨て切れないと、その種のことがよく起こる。株の売買においてさえ、その種の状況は起こり得る。

これは他者が自分とは異なる考えを持つことを理解する以前の、四歳児が持つ考えに類似する。それが成熟しているはずのおとなの思考にも見られるのは非常に興味深い。

ハース兄弟は、ビジネスの世界から例を引いて、「株主の価値観を解放する」などといった抽象的な戦略を掲げることで従業員の忠誠を確保しようとする会社役員の試みを取り上げている。この役員は、それまでの自分の経験を抽象的な言葉に要約しているのだが、同様な経験を持たない従業員にとっては、その言葉は外国語のように響くはずである。

ひとたび何かを知ってしまうと、それを知らなかったことにするのはむずかしい。初心者に戻るのは困難なのである。困ったことに、そのために聞き手に配慮することができなくなるのだ。

一般の人々には理解できない言葉を用いたり、一般には知られていないものごとに言及したりすると、聞き手を締め出す結果になる。しかもその事実に自分では気づいてさえいないのである。なぜなら、それについて知っているのが少数の人々だけであるとは思いもよらないからだ。私は、ハース兄弟の著書を読んで、スタンフォード大学の大学院生が一九九〇年に作り出した知識の呪いの注目すべき事例を知った。私は、この事例に少し手を加えて聴衆を相手に試してみることにしている。そうすると、聴衆はほぼ間違いなくすぐに要点を理解してくれる。

エリザベス・ニュートンという名の大学院生は、スタンフォード大学で非常に単純な実験を行なった。被験者は、「タッパーズ」と「リスナーズ」という二つのグループに分けられた。タッパーズの被験者〔以下タッパーと訳す〕は「ハッピー・バースデイ」などのよく知られた曲を選んで、それが何の曲かをリスナーズの被験者〔以下リスナーと訳す〕に知らせなければならなかった。しかしタッパーは、選んだ曲を口ずさんだり、歌詞を引用したりしてはならなかった。それを伝えるために タッパーに許された手段は、机を叩いて選んだ曲のリズムを示すことだけだった。ここで、どれくらいの割合でリスナーが曲名を言い当てられたかを予想してみよう。八〇パーセント？　それとも五〇パーセント？

ハース兄弟によれば、タッパーが机を叩いて「演奏」した一二〇曲のうちで、リスナーが正しく曲名を言い当てられたのはたった三曲だったのだそうだ。つまり、正解率は二・五パーセントにすぎなかった。あなたの予想はどうだっただろうか？

エリザベス・ニュートンは、リスナーが曲名を正確に言い当てられる確率がどれくらいあると思うかをタッパーに尋ねているが、彼らの予想の平均はおよそ五〇パーセントだった。また、私が聴衆に尋ねたときにも、そのくらいの数値が戻ってきた。私はこれまで、数千人を対象にこのゲームをしてきたが、タッパーは平均して、リスナーの半分が曲名を当てられると答えた。八〇パーセントと答える人もいた。しかしほぼつねに、二－三パーセントのリスナーが曲名を言い当てられたにすぎない。

タッパーが抱える問題は、知識の呪いが特異な不利をもたらすことにある。頭のなかでメロディーを再生することなしに、リズムを刻むことは不可能に近い。しかしひとたび頭のなかでメロディーを聞くと、リズムだけを聞いている人にもメロディーが聞こえているはずだと無意識に想定してしまうのだ。

それは、シャレード〔身振りや手振りを用いて言葉あてをするゲーム〕で同じ動作を繰り返していると、自分の頭のなかで響いている言葉が相手にも伝わっているはずだと確信してしまうのと同じである。

これは、三人の経済学者が最初に探究した、「自分が知っていることは他者も知っている」と考えてしまう非合理的な思考様式だ。

科学者が聴衆の理解の範囲を超えた言葉を使うとき、あるいは医師が患者には理解不可能な言い方で治療の手順を説明するとき、彼らは自分の頭のなかでメロディーを聞いてはいても、説明を聞いている当の聴衆や患者には、机を叩く音しか聞こえず、それどころか科学者や医師が意図している曲とはまったく別の曲に聞こえやすいということを理解していない。

私にとって自然のメロディーは美しい。だが科学者が、メロディーは自分の心のなかにしまっておいたままで、机を叩く音しか聞かせてくれないのなら、美しき自然の骨と皮ばかりしか伝えていないことになる。私が知りたいのは、自然の持つ豊穣なエネルギーについてであり、つやつやした肌や目の輝きについてなのだ。自然が指を鳴らして踊るところを見たい。それが私の望みなのである。

第21章　日常生活における即興

即興に失敗はない。即興では、一般に失敗と呼ばれているできごとは、興味深い解明部(レゾリューション)に至る一つのステップにすぎない。

サミュエル・ベケットの詩にも「もう一度試して、もう一度失敗して、もっとましに失敗しよう」とある。この言葉は私の机の上に飾られており、失敗によってもたらされた灰燼(かいじん)は、絶望の場所にもなれば、フェニックスが飛び立つ場所にもなることを毎日のように思い出させてくれる。

科学者は、いかなる場合にも当てはまる絶対的な真実を求めるのではなく、真実に近づこうとするときにもっとましに失敗する。また私たちは、日常生活の即興に身を委ねるときにもっとましに失敗する。ものごとは変化する。私たちは、その事実を受け入れそれに従う。人と人のあいだにつながりができると、突如として、相手のことに関して、それまでは気づかなかったことに気づくようになる。即興で経験されるように、見えないものがリアルなものになり、そして変化するのだ。

自分が知っていると思っているものごとをもっと深く考えたり、一歩下がってより大きな枠組みのものとでとらえたりすることはいつでも可能である。

他者が十全に理解できるよう表現することが可能なコミュニケーションの手段として、あらゆる会話、アドバイス、文章をとらえていれば、私たちは互いにシンクロし、相手を倒そうとレスリングをするのではなく、一緒にダンスを踊ることができるはずだ。

しかしこのダンスは、一連の規則に機械的に従うのではなく、自分自身の跳躍の可能性を信じることで学んでいくものなのである。

それはお決まりの手順ではない

私が子どもの頃、フォックストロットのステップの踏み方を示したダイアグラムを見せられることがあった。「ここに左足を置いて、それからこっちに動かし、右足はここに置く」などといった具合だ。正しい場所に足を置くためには役に立つのだろうが、私には、そんな説明で踊れるようになるとはとても思えなかった。

コミュニケーションというダンスを踊るときには、私たちは相手と一緒になって楽しく優雅に踊り、本能的かつ共同体的な純然たる喜びを分かち合う。

コミュニケーションの欠落は、日常生活のシベリアをもたらすだろう。まさにそのシベリアへと自分自身を送ることが多々あるのは狂気の沙汰だと言えよう。

だが、その解決策（ソリューション）は、豆知識やどこに足を置けばよいのかを示したチャートなどといったお決まりの手順（フォーミュラ）によって示すことはできない。真のソリューションは、ジムに行って身体を鍛えるのと同じで、あなたを変える。しかもそれは、身体を鍛えることよりももっと楽しい。

他者との触れ合いはバーベルを持ち上げるのとは違って、終えたあとばかりでなく、その最中でも爽快に感じられる。

たとえわずかな時間でも相手とシンクロし波長が合えば、和解の喜びにも似た感覚をおぼえるはずだ。相手と自分は、もはや別個の存在ではなくなり、双方向の会話を行なうことができる。「あなたは間違っている」という態度から、「そうか。あなたの言うことは正しいのかもしれない」という態度へ移行する。するとドーパミンがほとばしる。

かくして気分が晴れる。思うに、私たちはそれを切望しているのだ。

リズ・バースと私は、彼女がサイエンスコミュニケーションセンターの初代センター長としての役割を全うしたあとで、それについて話し合ったことがある。私は彼女に、センター長を努めているあいだに何か意外なことがあったかどうかを尋ねてみた。

それに対して彼女は、「一つ感じたのは、コミュニケーションに対する欲求がある意味で普遍的なものであり、それを通して得られるつながりの感覚が人々に満足感を与えるということです」と答えてくれた。

ではなぜ、良好なコミュニケーションを築くにあたりその種の満足感だけでは不十分なのか？　なぜコミュニケーションは、それ自体を強化していかないのだろうか？

リズの回答によれば、「何が良好なコミュニケーションを可能にしているのかを、人々は理解していないのではないでしょうか。人々は、自分が何に注意を払っているのかに、あまり注意を払っていないのではないでしょうか。私が何を言いたいのか、わかりますよね？　私は学生に〈自分が何に注意を払っているかに、もっと注意を払いなさい〉と言うことがあります」

私は彼女の見解に同意する。さらに言えば、人々が、話のペースや声の大きさの突然の変化などの機械的な様相に多大な注意を払うのではなく、それらの基盤にあって、相手とのつながりを形成する源泉をなしているものに注意を向けられるようになることを望む。かくして相手とのつながりを築くことで、私たちは、自分の目の前で展開するあらゆるものごとに対し、そよ風に吹かれる木の葉のごとく呼応できるようになる。

むずかしい話をしているのではない。私の表情を読めば、あなたは私があなたを理解しているかどうかがわかるはずだ。即興ゲームは、あるいはひとりで行なうエクササイズでさえ、他者の内面に触れる機会をもたらしてくれる。たったひとりですわって、文章を書いているときでさえ。

しかし、それらは技能であり、お決まりの手順ではない。それによって何か重要なことが起こるかもしれないが、まず他者の心を読めなければならない。私自身の経験からも、そのことは確実に言える。休暇を過ごすために、家族でヴァージン諸島に出かけたことがある。そのとき私は、六歳の孫マテオと一緒に散歩した。熱帯の空気は湿っていた。私たちは、緑の葉と青い空で満たされた楽園でくつろいでいた。快いそよ風が肌を活気づけ、塩分を含んだ海風を鼻孔に運んできた。何もかもが、ほぼ完璧だった。

そのとき、それまで一度も見たことのない木が道端に立っているのを見つけた。細い幹に沿って鋭いトゲが生えていた。その様子はまるで竜の背のようだった。

マテオは、その木を指差しながら「あの木を見て！　なんでああなったのかな？」と私に訊く。

絶好の日よりだ！　マテオは深淵なる質問をしてきた。彼は知りたがっている。彼に進化という概念を紹介する絶好のチャンスだ！　私はそう思った。

私たちは地面にすわり、四五分をかけて自然選択や適応について話した。何もかもである。輝かしいひとときだった。

翌日マテオがいとこと泳いでいるとき、彼女に何か質問をしていた。すると彼女は、「それは科学の話のようね。どうしておじいちゃんに訊かないの?」と問い返した。

マテオの返事は、「だって、そんな間違いは二度としたくないんだもん」だった。

謝辞

謝辞を書くにあたって唯一残念なことは、お礼を言うべき人をあげ忘れることである。そんな私を許していただきたい。あなたは私にとってかけがえのない一人です。

私はまず、編集者としてこれ以上ないほど鋭い指摘をし、私を激励してくれたケイト・メディナの姿を思い浮かべることができる。とてもすてきなタイミングで私をやさしくつついてくれたことに感謝したい。

書籍エージェントのアマンダ・アーバンのプロとしての技量と友情にも感謝する。エージェントと友情を分かち合えることは実にすばらしい。

私の人生を創造的で奥深いものにしてくれた、知る人ぞ知る演劇エージェント、トニー・ハワードにも心からお礼を述べたい。

日々の生活をきちんと送れるよう手助けしてくれる、暖かく思慮深い私のアシスタント、ジーン・シャーメイにも深く感謝の言葉を述べたい。彼女がいなければ、今頃私は、セント・ルイスに行くにはどうすればよいかを尋ね回って街をうろうろしていることだろう。

妻のアーリーンは、私が書いたすべての草稿を読み、まったく正直かつ協力的に接してくれた。それはわが人生全般に当てはまる。彼女はつねに、私をよい方向へと導いてくれる。

アルダ・サイエンスコミュニケーションセンターのスタッフ全員に感謝の言葉を述べたい。彼らの創造性、無私の努力、そして世界をよりよい場所にする手伝いをしようとする決意は、実に驚異的である。スタッフ同士で啓発し合い、そして私を啓発してくれた。

また、新センター長のローラ・リンデンフェルドにも感謝したい。彼女は、刺激的なアイデアと、無限のエネルギー、そして尽きることのない知恵をもってセンターの活動を導いている。きっとこれを読んで喜んでくれるに違いない。ハイ、ローラ。

それから、執拗な私の質問に寛大にも答えてくれた科学者たちにも、ここで感謝したい。私にとって、あらゆるインタビューが魅力的に感じられた。好奇心に満ちた探検家として生涯を捧げることを志した彼らの決意に敬意を表したい。

最後に、ここまで読んでくれた読者にもお礼の言葉を述べたい。

アラン・アルダ

訳者あとがき

本書は、『If I Understood You, Would I Have This Look on My Face?』（Random House, 2017）の全訳であり、現在ではサイエンスコミュニケーターとしても活躍する俳優のアラン・アルダが、俳優として、そしてサイエンスコミュニケーターとして得た自己の経験を踏まえながら、最適なコミュニケーションを行なうにはどうすればよいかを論じる。著者が研究者ではないことからもわかるように、本書は、サイエンスコミュニケーションやコミュニケーション一般に関する理論的な側面を解説した専門書ではなく、大学生、大学院生、さらには一般読者を対象とする、より日常感覚に沿い実践面に即したポピュラーサイエンス書と見なせる。取り上げられている内容は、おもにサイエンスコミュニケーションに関するものではあるが、本書の知見は、ビジネスシーンなど、より一般的なコミュニケーションにも適用できるだろう。とはいえ本書は単なるハウツー本ではなく、著者自身の経験に基づくエピソード的な記述のみならず、アルダセンター（後述）で行なわれているコミュニケーションに関する実験の成果や、他大学／機関の研究者の手で行なわれた実験の成果もふんだんに取り入れられており、ポピュラーサイエンス書としての実証性も十分に備えている。

まず著者のアラン・アルダについて、少し詳しく紹介しておこう。彼は、一九六〇年代に俳優としてキャリアをスタートさせている。ちなみに彼の父ロバート・アルダも、著名な俳優であった。アラン・アルダの名がアメリカで広く知られるようになったのは、一九七二年から一一年間放映されたTVシリーズ『M＊A＊S＊H』に、ホークアイ・ピアス役で出演したことによってである（なお、ロバート・アルトマン監督の一九七〇年の映画化作品には出演していない）。TVドラマの他にも映画への出演が多数あり、一九七〇年代には珠玉のオカルト小品『悪魔のワルツ』（米・一九七〇）、日本劇場未公開ながら彼とオスカー女優エレン・バースティンの、ときにほのぼのとした、ときにトゲのあるすばらしい会話がほぼ二時間にわたって続く『Same Time, Next Year』（米・一九七八）、オスカー女優ジェーン・フォンダとの辛らつなやりとりで魅せてくれる『カリフォルニア・スイート』（米・一九七八）などに、また一九八〇年代および九〇年代にはウディ・アレン監督作品にも数本出演している。七〇年代、八〇年代の彼は、映画にしろ『M＊A＊S＊H』にしろ、やや形容矛盾になるが、シリアスで張り詰めた会話主導のコメディパフォーマンスを得意としていた。その点では名優ジャック・レモンと似たところがあった。アルダは現在でも、俳優としてTVドラマシリーズや映画に出演しており、最近ではスティーヴン・スピルバーグ監督、トム・ハンクス主演の『ブリッジ・オブ・スパイ』（米・二〇一五）などに顔を見せている。また一九七〇年代後半からは、映画の監督や脚本も手がけており、本書にも言及のある『くたばれ！ハリウッド』（米・一九八六）はそのうちの一本である。余談になるが、個人的には、本書で言及されている戦闘シーンよりも、女優のミシェル・ファイファーが、キャベツをテーブルに叩きつけて芯を抜き、そのせいでアルダが扮する主人公の浮気が、はからずも露呈するシーンのほうが最高におかしく忘れられない。

しかし名門校フォーダム大学の出身で、もとより科学に強い関心を持つ彼は、科学ドキュメンタリー番組『サイエンティフィック・アメリカン・フロンティア』（一九九〇－二〇〇五）の司会を務めるようになってから（そのいきさつは第1章に詳しい）、サイエンスコミュニケーターとしての活動を開始し、俳優業を続けながらも、むしろそちらに軸足を移すようになった。このシリーズや『ザ・ヒューマン・スパーク』などの科学ドキュメンタリーシリーズの司会はもちろんのこと、ニューヨーク州立大学ストーニーブルック校にアルダセンター（Alan Alda Center for Communicating Science）を設立する支援を行なうなど、サイエンスコミュニケーターとして多面的な活動を続けている。しかも本書を読めばわかるように、単に資金を出すだけでなく、コミュニケーションに関する実験を自分で考案する（ただし実験自体は、ストーニーブルック校の教授が行なっている）、オンラインで「炎のチャレンジ」と呼ばれるコンテストを主催する（第16章参照）など、実に多様な活動を繰り広げている。アルダセンターの活動の詳細については、*https://www.aldacenter.org/*を参照されたい。あるいは最近他の本で読んだ例を一つあげておくと、物理学者マックス・テグマークの近著『Life 3.0』（Knopf, 2017）によれば、テグマークらがＡＩ関連の新たな組織の立ち上げイベントをＭＩＴで開催したおりに、アラン・アルダはその分野の第一人者とともにテクノロジーの未来について語り合ったとのことである。このように彼は、現在でも科学の普及に貢献するためにさまざまな活動を続けている。

次に、俳優アラン・アルダの手になる、サイエンスコミュニケーションをテーマとする本という、少々変わった一冊を今回取り上げた理由を簡単に説明しておく。一つには、日本の大学でもサイエンスコミュニケーションが、取り上げられるようになったことを知った点があげられる。それを知ったのは、昨年（二〇一六年）、訳者の卒業校である同志社大学において、関西では初となる文理横断型サイエンスコミュニケーター養成副専攻を立ち上げた野口範子教授が、同校東京サテライト・キャンパスで行なった講演で、サイエンスコミュニケーションについて簡単に紹介されたことを通じてであった。ポピュラーサイエンス書の翻訳をしていることもあって、科学を一般の人々にわかりやすくかつ的確に伝えるサイエンスコミュニケーターの養成が重要視されるようになったことを知って、大いに好奇心が煽られたのである。ちなみに、サイエンスコミュニケーター養成の試みはイギリスではすでに二〇世紀中に始まっており、日本でも二〇〇五年に東京大学、北海道大学、早稲田大学の三大学で最初に導入されている。サイエンスコミュニケーションに関する本は和書でもかなり出ているようであり、日本におけるこのような流れを少しでもあと押しできるのではないかと考え、一般の読者でも楽しみながら読める本書を取り上げることにしたのである。ちなみに本書は、ニューヨークタイムズ・ベストセラーに入っている。

もう一つの理由はきわめて個人的な話になるので手短に述べよう。訳者がIT業界から翻訳者に転向したのは、海外の知識や情報を日本へ伝えるという、いわば一種のサイエンスコミュニケーター的な役割を果たしたいと考えたからである。もちろん著者の活動を真似ることはほとんど不可能であるとしても、本書に見られる著者の姿勢は、訳者にとっても、サイエンスコミュニケーターを目指す人にとっても、格好のモデルになる。そう考え、また俳優としてのアラン・アルダの昔からの大ファンであることも手伝って、ぜひとも本書を取り上げたいと考えたのである。

次に本書の内容を簡単に紹介しておこう。ただし本書は多数(三一)の比較的短い章から成るので、章ごとに内容を紹介することはせず、キーワードを三つあげ、それらについて簡単に説明しておきたい。三つのキーワードとは「即興(improvisation)」「共感(empathy)」「ストーリー(story, narrative)」である。

まず「即興」についてだが、著者は若い頃、俳優として演劇のトレーニングを受けており、本書でもシアターゲームなど、演劇のトレーニングで行なわれているエクササイズがふんだんに取り上げられている。そのように言うと、一部の前衛劇を除けば台本に沿って演技する俳優のトレーニングが、基本的に当意即妙を要するコミュニケーションにどう関係するのかと訝(いぶか)る読者もいるかもしれないので説明しておくと、俳優のあいだでは、舞台にあがった役者同士が互いにシンクロしてうまく関わり合えるようになるために、訓練の一つとして、当意即妙で、言い換えれば「阿吽(あうん)の呼吸」で演技する能力を磨く、即興のトレーニングが導入されているのである。なお、著者が依拠する即興トレーニングは、第1章に書かれているように、『即興術――シアターゲームによる俳優トレーニング』を著したヴァイオラ・スポーリンによるものである。ちなみに日本語版ウィキペディアの「サイエンスコミュニケーション」の項には、「俳優アラン・アルダは科学者と博士課程学生が演劇コーチの指導を通じてコミュニケーションに習熟できるようにする活動を行っている(ヴァイオラ・スポーリンの演技法を用いている)」とある。

次に「共感」だが、これについては少し詳しく述べておこう。というのも、第14章で共感に反対する心理学者ポール・ブルームの議論が取り上げられているが、そのブルームの最新刊『Against Empathy』(Ecco, 2016)が、『反共感論』として白揚社から拙訳で近々刊行される予定になっており、共感に関して正反対の見解を開陳する二冊の本を同時期に取り上げたかのように思えるかもしれないので、両者は実際には対立しないことを述べておきたいからである。まず指摘しておきたいのは、共感には「情動的共感」と「認知的共感」があり、これら二つは明確に区別する必要があるという点である。「情動的共感」とは他者が感じていることを自分でも感じることをいう。それに対し「認知的共感」は、他者の立場に身を置いて、他者の視点でものごとを考えることをいう。したがって「情動的共感」が情動的、感情的な働きであるのに対し、哲学者や心理学者が「心の理論」とも呼ぶ「認知的共感」は、認知的、理性的な働きである。

ごく単純化して言えば、良好なコミュニケーションを保つためには共感力が必須の要件になるというのがアルダの主張だが、彼はここで言う共感に情動的共感と認知的共感の両方を含めている。ただし情動的共感は、それを行使する人を、精神科医ヘレン・リースの言う「情動の底なし沼」（第7章参照）に陥れる場合がある。つまり共感を抱く人は、コミュニケーションの相手が抱いている、恐れなどのネガティブな情動を取り込んで、それに圧倒される場合があり、たとえば医師が患者の情動を取り込んでしまった結果、患者に必要以上の不安を与えるなどといった不都合が生じる。したがって著者は、ヘレン・リースの考えに従って、情動的共感の基盤には認知的共感が必要とされ「情動の底なし沼」にはまらないようにするためには、理性的な自己統制力を駆使する必要があると述べる（第11章参照）。

ポール・ブルームも、共感を情動的共感と認知的共感に分ける。彼が『反共感論』のなかで問題視しているのはそれらのうちの情動的共感のほうであり、認知的共感については善い行為にも悪い行為にも適用できる中立的なツールと見なしている（認知的共感に関してはアルダの考えも同様である）。とはいえブルーム自身、情動的共感を全否定しているわけではなく、それが道徳的な判断や公共政策をめぐる判断に適用された場合に問題が生じると主張する。なぜなら、情動的共感は射程が短く、見知らぬ人々より身内や知り合い、あるいは身元がわからない匿名の被害者より身元が明確にわかる被害者を優先する郷党的な先入観が、無意識のうちに反映してしまうからである（ブルームはこれをスポットライト効果と呼ぶ）。だから、井戸に落ちたたった一人の少女には全米が注目するのに、アフリカで飢えている大勢の子どもたちにはほとんど誰も目もくれないというおかしな状況が生まれるのである。しかしこの主張は、アルダが対象としているコミュニケーションのツールとしての共感には当てはまらないと見なすべきだろう。両者の著書を何度も読み返した訳者の目からすると、ブルームとアルダの考えが明確に異なるのはただ一点だけで、ブルームが例としてあげる、井戸に落ちた少女のようなたった一人の犠牲者に対する共感であっても、それをきっかけに世の人々を善き行為へと動機づけることができるという点を、アルダがとりわけ重視していることのみである（第14章にあげられている、家族と一緒にシリアを脱出し、トルコからギリシアに筏で渡ろうとして溺死した少年アイランの例を参照されたい）。

最後に「ストーリー」であるが、アルダは、ポピュラーサイエンス書を含め、サイエンスコミュニケーションにおいてもストーリー性が非常に重要になることを、専門的な理論を持ち出すことなく実践に即して論じている。「ストーリー」については、訳者自身の経験から一点だけ述べておきたい。科学者が書いたポピュラーサイエンス書を翻訳していて気づいたことだが、ジャーナリストのように、もの書きで生計を立てているわけではないにもかかわらず、ストーリーを巧みに織り込みながら本を書くのに非常に長けた科学者がいる。このタイプの科学者が書いたポピュラーサイエンス書は、非常に読みやすくわかりやすい。たとえば最近訳した本のなかでは、ロブ・ダン著『世界からバナナがなくなるまえに――食糧危機に立ち向かう科学者たち』(青土社、二〇一七年)、同『心臓の科学史――古代の「発見」から現代の最新医療まで』(青土社、二〇一六年)、ショーン・B・キャロル著『セレンゲティ・ルール――生命はいかに調節されるか』(紀伊國屋書店、二〇一七年)、ノーマン・ドイジ著『脳はいかに治癒をもたらすか――神経可塑性研究の最前線』(紀伊國屋書店、二〇一六年)が、それに該当する。

このように、本書では、これら三つのカギ概念を中心に、科学を始めとする専門的な知識を一般の人々に伝えるにはどうすればよいかが論じられる。しかし最後に一点指摘しておくと、これらの内容とは別に、著者のアラン・アルダその人にも、すなわちなんとしてでも最新の科学的知見を世間一般に広めようとする著者の強い姿勢にも注目すべきである。コミュニケーションは、通常はあくまでも何らかの目的を達成するための手段であり、それ自体が目的になることはほとんどない。その意味で言えば、著者の本来の目的は科学知識の普及にある。本書を読めば、この大きな目的に向けられた著者の真摯な姿勢が、ひしひしと伝わってくるのがわかるだろう。八〇歳を超え、アメリカで俳優としてすでに大きな名声を手にしている著者は、楽隠居して、たまに映画やテレビドラマに昔の名前でカメオ出演する程度の活動しかしなくなっていてもまったくおかしくはない。それにもかかわらず、科学の普及に資金や時間を惜しみなくつぎ込み、のみならずアルダセンターの運営を支援する、自らコミュニケーションの実験を考案する、著名な科学者にインタビューする、オンラインで「炎のチャレンジ」を主催するなど、科学の普及に多大な貢献をしている著者の姿勢は、先に述べたことの繰り返しになるが、サイエンスコミュニケーターを目指す人に格好のモデルを提供してくれるはずだ。

最後に、いくつかの質問に答えていただいた、そして長年にわたり、すばらしい映画（前述した映画『Same Time, Next Year』などは、ビデオやＤＶＤで何十回と観ている）やＴＶ番組を俳優、監督、脚本家として生み出してきた著者アラン・アルダ氏に感謝する。また、日本の大学におけるサイエンスコミュニケーション課程の導入状況に関していくつか教えていただいた、同志社大学生命医科学部の野口範子教授にお礼の言葉を述べたい。そして担当編集者の加藤峻氏にも感謝の言葉を述べる。

高橋洋

二〇一七年一一月

索引

あ行

か行

さ行

た行

全米最高視聴率男の「最強の伝え方」

2018年1月10日　第1刷印刷
2018年1月25日　第1刷発行

著者——アラン・アルダ
訳者——高橋 洋

発行人——清水一人
発行所——青土社

〒101-0051　東京都千代田区神田神保町1-29　市瀬ビル
［電話］03-3291-9831（編集）　03-3294-7829（営業）
［振替］00190-7-192955

印刷・製本——シナノ印刷

装幀——水戸部 功

ISBN978-4-7917-7034-2
Printed in Japan